新时代智库出版的领跑者

中社智库 国家智库报告 2022(20) National Think Tank
国际问题研究

统筹财政发展与安全研究
——基于财政理论与中俄实践

于树一 著

ANALYSIS ON OVERALL COORDINATING FISCAL DEVELOPMENT AND SECURITY: BASED ON FISCAL THEORIES AND PRACTICES OF CHINA AND RUSSIA

中国社会科学出版社

图书在版编目(CIP)数据

统筹财政发展与安全研究：基于财政理论与中俄实践 / 于树一著. —北京：中国社会科学出版社，2022.5
（国家智库报告）
ISBN 978-7-5227-0568-2

Ⅰ.①统… Ⅱ.①于… Ⅲ.①财政管理—风险管理—研究—中国②财政管理—风险管理—研究—俄罗斯 Ⅳ.①F812.2②F815.112.1

中国版本图书馆 CIP 数据核字（2022）第 130580 号

出 版 人	赵剑英
项目统筹	王 茵 喻 苗
责任编辑	黄 丹 周 佳
责任校对	杨 林
责任印制	李寡寡

出　　版	中国社会科学出版社
社　　址	北京鼓楼西大街甲 158 号
邮　　编	100720
网　　址	http://www.csspw.cn
发 行 部	010-84083685
门 市 部	010-84029450
经　　销	新华书店及其他书店
印刷装订	北京君升印刷有限公司
版　　次	2022 年 5 月第 1 版
印　　次	2022 年 5 月第 1 次印刷
开　　本	787×1092　1/16
印　　张	11.25
插　　页	2
字　　数	161 千字
定　　价	68.00 元

凡购买中国社会科学出版社图书，如有质量问题请与本社营销中心联系调换
电话：010-84083683
版权所有　侵权必究

摘要：进入21世纪以来，随着世界政治经济格局的调整和中国的改革发展，中国的内外环境日益复杂化，国家安全形势出现了一些新特点和新趋势。2014年年初，中共中央政治局设立国家安全委员会，统筹协调涉及国家安全的重大事项和重要工作。2014年4月15日，习近平总书记在中央国家安全委员会第一次会议上提出了总体国家安全观。2020年10月，党的十九届五中全会提出"统筹发展和安全，建设更高水平的平安中国"，2021年3月通过的"十四五"规划将其作为"十四五"时期中国经济社会发展的主要目标和重大任务之一加以部署，2022年的政府工作报告再次将统筹发展和安全作为经济社会发展总体要求和政策取向之一。

财政是国家治理的基础和重要支柱，贯穿国家发展的各领域和全过程，因此，财政安全在国家经济安全体系中处于核心地位。在统筹发展和安全方面，无论是加强国家安全体系和能力建设，还是强化国家经济安全保障、全面提高公共安全保障能力、维护社会稳定和安全，均需要有财政提供基础和保障，而财政安全则是筑牢国家安全屏障的底线。与此同时，统筹发展和安全更需要以开放的视野来谋划，大国财政作为建立在大国实力基础上的全球资源配置和风险分担关系载体，也将发挥基础性作用。

事实上，在国际金融危机之后，国家财政安全已经成为世界各国的普遍追求。对于这样一个世界性的课题，基础理论研究和现实问题研究同等重要，一方面实现理论创新，另一方面提供决策参考。由于俄罗斯是一个很好的大国财政观测窗口，并且正处于与乌克兰的战争和西方国家制裁的泥沼，报告在现实问题研究中加入两国财政安全评估和比较的内容，能够为中国统筹财政发展和安全观测到更多大国经验和教训，并显著提升这项研究的意义和价值。

统筹发展和安全建立在改革开放40余年中国经济社会高速

发展的基础上，当前的重心应落在安全上，统筹财政发展和安全也是一样。基于此判断，本书立足于科学的财政理论，在构建起财政安全的理论框架之后，寻求财政可持续发展的现实途径。首先，通过梳理西方公共财政理论及有中国特色的社会主义财政理论，形成对国家财政安全的内涵、定位、特征、类型、表现等要素的基本界定。其次，根据中国和俄罗斯现实情况，重点从财政职能、财政运行、财政政策、财政体制等方面，对中俄两国的财政安全状况进行评估。最后，从财政收入能力、财政支出绩效、债务负担能力、预算管理水平等方面提出推动中国财政可持续发展的政策建议。

关键词：财政理论；统筹发展和安全；俄罗斯；财政安全评估

Abstract: Since the beginning of the 21st century, with the adjustment of the world's political and economic structure and China's reform and development, China's internal and external environment has been increasingly complex while its national security has developed new features and trends as well. At the beginning of 2014, the Political Bureau of the Central Committee of the Communist Party of China established the National Security Council to overall coordinate major affairs and works related to national security. On April 15th, 2014, the General Secretary of the Communist Party of China (CPC) Central Committee Xi Jinping proposed the overall national security concept of Peaceful China initiative at the first meeting of the Central National Security Committee. In October 2020, the Fifth Plenary Session of 19th CPC Central Committee has urged "Overall coordinating development with security and efforts to comprehensively promote the implementation of the Peaceful China initiative" ushering in a new stage in building a Peaceful China", which was later set as one of the main objectives and major tasks for China's economic and social development in the 14th Five-Year Plan passed in March 2021. Besides, the Report on the Work of the Government in 2022 once again highlights both development and security as one of the overall requirements and policy orientations for economic and social development.

Fiscal is the foundation and important pillar of national governance, running through all fields and the entire process of national development. thus, fiscal security is in the core position in the national economic security system. In terms of coordinated development and security, fiscal is essential to strengthen the national security system and capacity building, enhance the national economic security, improve the public security capacity and maintain social stability and security, and fiscal security is the bottom line for building substantial national security. Meanwhile, the overall coordination of development and security needs to be planned in a more inclusive manner and the great powers' fiscal will play an important role to allocate the global resources and to undertake the risks by the advantages of its own strengths.

In fact, the national financial security has become a common pursuit of all countries in the world after the international financial crises. For such a worldwide issue, basic theoretical research and pragmatic problem research are equally important, which is to achieve theoretical innovation on the one hand, on the other hand to provide decision-making reference. Because Russia is a perfect window to observe the fiscal of a great power, which is in a conflict with Ukraine and is sanctioned by Western countries, we will draw more experience and lessons from such a major power to better overall coordinate development and security by evaluating and comparing the fiscal security of China and Russia, which will enhance significant and values of this research.

Overall coordinating development and security are built on the basis of China's rapid economic and social development over the past 40 years of reform and opening up. At present, the priority should be on security, and also should emphasize on fiscal security in implement of coordinating fiscal development and security. Therefore, based on the above judgements, this book formulated on scientific fiscal theories, will explore the way to achieve fiscal sustainable development after constructing the theoretical framework of fiscal security. First of all, the book clarifies the connotation, position, features, types and performances of the national fiscal security by summarizing the Western fiscal theories and the fiscal theories with

Chinese characteristics. Then according to the realities of China and Russia, this book evaluates the fiscal security of China and Russia with the focus on fiscal functions, operations, policies and systems. Last but not least, this book puts forward several policy proposals in the areas of fiscal revenue capacity, fiscal expenditure performance, debt affordability and budget control level to promote the sustainable development of China's fiscal.

Key Words: Fiscal Theories, Overall Coordination Development with Security, Russia, Fiscal Security Evaluation

目 录

一 西方财政理论演进及财政安全 ……………………（1）
 （一）财政安全理论的根基：规范政府与
   市场的关系 ……………………………………（1）
 （二）传统西方经济学理论中的财政安全线索 ………（6）
 （三）现代西方经济学理论中的财政安全线索 ………（12）
 （四）西方公共财政学理论中的财政安全线索 ………（25）

二 中国财政理论演进与财政安全 ……………………（36）
 （一）中国早期财政理论演进过程中的财政安全
   思想 ……………………………………………（36）
 （二）中国传统财政理论中的财政安全线索 …………（38）
 （三）中国公共财政理论体系中的财政安全线索 ……（44）
 （四）中国现代财政理论体系中的财政安全线索 ……（60）

三 财政安全的内涵、外延及分析框架 ………………（81）
 （一）财政安全的内涵与外延 …………………………（81）
 （二）中国财政安全的特征与理论框架 ………………（87）
 （三）国家财政安全与财政可持续发展 ………………（93）

四 中俄财政安全状况评估与比较 ……………………（97）
 （一）中俄关于统筹财政发展和安全的理论研究 ……（97）
 （二）中俄财政运行安全状况评估与比较 ……………（104）

（三）基于中俄两国财政安全状况评估的判断 ………（128）

五 基于中俄比较，夯实中国财政安全制度和政策基础 …………………………………………………（132）
（一）健全预算管理中的财政安全机制 ……………（132）
（二）推动财税政策和财税制度对财政安全的
维护升级 ……………………………………（139）
（三）筑牢地方政府债务管理中的财政安全
机制 …………………………………………（147）
（四）巩固政府间财政关系中的财政安全
机制 …………………………………………（153）
（五）持续优化政府与市场的关系 …………………（159）

参考文献 ……………………………………………（163）

后　记 ………………………………………………（168）

一 西方财政理论演进及财政安全

理论研究是理解财政安全的重要逻辑起点，但学界对财政安全问题的关注相对较晚，且相关研究多数是以"财政风险"为主题，从侧面研究财政安全。从正面系统地研究国家财政安全，并立足于理论研究的成果并不多见。因此，有必要梳理散落于中外财政理论的相关观点，从财政安全理论的根基——规范政府与市场间关系开始，在相关理论的历史演进过程中，发现并总结其中的财政安全线索，为科学界定财政安全内涵和妥善构建财政安全的理论框架提供依据。

（一）财政安全理论的根基：规范政府与市场的关系

无论是各理论流派的论述起点，还是财政学教科书所要解决的第一个问题，均是对政府与市场间关系及其演变的分析，因为政府与市场关系的演变决定了财政的产生及其发展。党的十八大报告明确指出，经济体制改革的核心问题是处理好政府和市场的关系，必须更加尊重市场规律，更好发挥政府作用。党的十九大报告进一步强调，市场在资源配置中起决定性作用，更好发挥政府作用。当前的中国，处理市场和政府之间关系的核心是对政府职能按照适应市场经济的要求调整，这样的调整有利于保障财政安全。因此，在理论上对政府与市场的关系加以规范分析，能够为构建财政安全理论框架打好基础。事实上，自市场产生以来，关于政府与市场关系的理论争鸣便从未间断过。

西方国家政府与市场的关系相对成熟，其渊源可以追溯到古希腊。古希腊的私有化比较彻底，商品经济的比重较大，国家主要通过税收和直接干预与市场发生联系。在税收方面，分直接税和间接税。其中，国家对牲畜和禽类、葡萄酒和干草、房屋和奴隶、各口岸商人的货物等征间接税，其目的并非贸易保护，而单纯是为获得财政收入。当时也存在税收优惠现象，对某些税收进行减免。相对于间接税来说，古希腊的直接税并不发达，除了战争时期对巨富进行强制征收外，一般是以自愿赞助的形式为公共事务筹集经费，赞助者借此提高社会地位。除此之外，宗主城邦也会对附庸城邦征税，这就超出政府与市场之间关系的范畴了。在直接干预方面，主要表现为国家对粮食贸易的控制。古希腊虽然实行自由贸易，但由于土地贫瘠，国家设立专门的委员会监督小麦、面粉和面包贸易。

到了古罗马时期，政府与市场的关系经历了一个调整过程，从滥用税权阻碍市场发展，到市场功能恢复、政府职能归位，再到以政府为主导减慢市场衰败速度，在政权瓦解和政府更迭中，市场和政府的关系仍得到不断调整。从安全的角度看，古罗马虽然连年征战，但是居民已经拥有充分的公民权或者拉丁公民权（大而不充分的特权），这较古希腊征收贡物而不给予公民权是大大的进步。但是，税权管理却是粗放的，行省总督只要上交大量的贡物、税款、谷物和奴隶就可以滥用税权，小农因被无度榨取税收而纷纷破产，富人则趁机收购土地，经营大庄园，为市场发展打下基础的同时也导致发展失衡。在罗马共和国转变为帝国后，税收转变为国家的职责，国家规定了税收标准，剥夺了包税人滥用的征税权利，市场功能才得以恢复。在古罗马最繁荣的时期，市场和政府的功能相得益彰，币值稳定，公共工程宏大，国内外贸易广泛。而政府干预的极端时期则是罗马帝国经济状况开始恶化以后，统治者采取了多种措施以期带领国家走出困境。例如，对于无人耕种的农田，向村庄收取集体税；规定商品和劳务的最高价格，并限制利息率，以抑制通货膨胀；对短缺商品禁止出口；等等。然而，经济分散和发展失衡导致政治危机，最终推动罗马帝国逐渐走向灭亡。

在西罗马灭亡后，中世纪欧洲进入了封建社会，与之对应的是封建庄园制经济。政府与市场的关系在庄园主、农奴及教会之间的互动中形成，主要体现在税收、贡物、劳役和公共设施使用税费等方面，并开始在法律中体现。其中，税收包括人头税、结婚税、财产继承税（死手捐）等，献纳的贡物包括家禽、鸡蛋、酒及其他土特产品，劳役包括修桥、筑路、砍柴、运输、盖房等，公共设施使用税费包括使用磨坊、烤面包坊等公共设施需缴纳的税费。在庄园制的封建社会，农奴既是庄园经济的生产者，也是税费、贡物、劳役的承担者。由于没有完整、健全的统治体制，税费、贡物、劳役等实际由庄园主获得，而庄园主只对上一级庄园主负责，将一到三成的收入分给后者。但是，中世纪的教会拥有超国家的权利，加之当时政治体制不健全，庄园经济不景气，教会事实上承担起了很多原本属于政府的职能。为与其担负的职能相应，教会可以向教徒征收什一税，教会还拥有大片的土地和教徒大量的捐赠，甚至可以发行赎罪券，从而获得巨大的财富。然而，教会必然无法取代政府，政府履行其应有的职能仍然是庄园制封建社会所需要的。从安全的角度看，法律的地位和作用提升令中世纪政府的活动范围逐渐清晰，并开始以法律的形式固定下来。英国《自由大宪章》对国王权力进行了限制，其中首要原则是国王不可擅自征税。强调除传统赋税外，任何赋税的征收都必须得到"全国人民的一致同意"，即当时以大贵族为核心的大会议的同意。《自由大宪章》所确立的一系列原则对西欧和美国产生了深远的影响，为此后各国明确规定政府的组成、原则和目的奠定了基础,政府与市场的关系也被间接规范和保障。

在西方封建社会末期,随着社会生产力的发展、商品货币体系的扩大和贸易的频繁,商品市场关系得到了迅速发展,资本原始积累开始,政府与市场的关系也进入新的阶段。从安全的视角审视,由于这一时期市场机制的发展尚不充分,工业并不够壮大,为了防御市场风险,就需要借助政府的力量,在降低交易成本的基础上,保证经济效率的提高。这一时期产生的代表商业资产阶级利益的重商主义,为政府干预市场提供了理论依据:国家拥有的金银量决定了国家的富裕程度,而防止金银流出的关键在于实现持续的贸易出超,这就需要政府对市场的全面干预。重商主义持有的经济政策理念是"一种国家控制对外经济关系以增加本国的金银货币的国家干预主义"[①]。重商主义也有一个发展过程:从控制金银输出、鼓励金银输入的直接干预,到保持对外贸易出超的间接干预,从干预货币运动到干预商品运动。当然,无论政府采取何种干预市场的方式,都可以对重商主义时期西方政府与市场关系形成一致的判断:政府对市场有着绝对的支配权,政府干预有效促进了国内统一市场的形成。

随着资本原始积累的完成,市场机制趋于完善,具备了自我调节能力,西方经济进入自由竞争阶段,保障资本原始积累的政府干预反而变成市场进一步发展的障碍。法国重农主义率先提出,经济自由是实现公平理性自然秩序的唯一途径,反对政府干预经济。从安全角度来看,重农主义认为私有制的安全是社会经济秩序的基础,政府职能的核心应该是维护神圣的财产私有制。此后,西方国家正式向自由主义过渡,私人财产权

---

① 余永定、张宇燕、郑秉文:《西方经济学》(第二版),经济科学出版社1999年版,第778页。

得以确立,统一市场逐渐形成,贸易得到自由发展,并实现了工业化。政府对市场完全放任,将自由竞争制度作为最佳的经济调节机制而不加干预,使市场经济实现了长达300年的高速发展,国民财富凭借较高的经济效率迅速增加。当然,自由竞争时期的政府与市场关系形成于当时的资本、技术等生产条件,西方国家的生产规模还比较小,政府只履行国防、大型基础设施建设等基本职能尚可以满足社会公共需要,能够放任市场机制自由发挥作用,自身则充当市场"守夜人"的角色。

到了19世纪末20世纪初,"寡头垄断的资本主义"逐渐取代了"自由竞争的资本主义",西方国家进入了混合经济阶段。从安全角度看,工业化带来的技术进步使经济发生了重大的结构性变化,市场机制的自我调节力量被削弱,其局限性开始暴露,有诸多因素证明存在市场失灵以及失灵程度有加深的趋势。1929—1933年资本主义经济危机大规模爆发,自由放任的市场弊端集中凸显,主要表现在三个方面:一是市场机制难以应对大规模失业和严重的通货膨胀,二是容易出现经营垄断和外部性问题,三是会导致贫富两极分化。在政府积极应对大危机的过程中,政府和市场的关系也得到升华:政府对市场进行需求管理,直接、间接地干预或参与市场运行,广泛运用财政政策和货币政策来稳定经济,在收入分配方面政府的作用加强。由于政府干预的作用得到凸显,许多国家演变成为福利国家,自由竞争经济也演化为私人经济和公共经济共存的混合经济。

混合经济阶段中政府的大规模干预缓解了经济危机,使西方国家经历了一段空前的繁荣;但从安全角度看,也逐渐产生了政府支出膨胀、公共部门效率降低、财政赤字大幅增加等问题。在20世纪70年代西方国家出现了严重的"滞胀"现象,即在物价总水平急剧上升的同时失业也大量增加。面对"滞胀",政府干预失去了纠正市场失灵的疗效,"政府失灵"的概念随之形成,并促使各国纷纷寻求脱离"滞胀"局面的良方,经济自由主义开始回潮。在西方国家应对"滞胀"的政策中，美国里根政府的政策取得了最大的成功，包括减税、缩小政府规模、延缓社会福利支出的计划、减少政府管制、停止政府对价格的管控、提高银行利率以缩减货币供应量等，其目的是恢复市场动力，完善市场机制。可见，这一阶段政府与市场关系表现为调整特征，政府干预的程度降低了，市场自由的程度提高了，但政府的宏观调控已经成为经济运行中不可或缺的部分，政府仍然通过缩减货币供应量和全面减税的货币政策、财政政策搭配来积极地干预经济，再也不会回到自由竞争时期仅充当市场"守夜人"的角色。这也为现代政府和市场关系搭建起基本框架，政府与市场在竞争中合作，互相弥补和纠正对方的"失灵"，合力优化资源配置。

直到今天，由于市场失灵和政府失灵的范围和内容随着经济发展而变换，政府与市场之间的关系仍在不断调整。因此，"调整"是政府和市场关系的永恒主题，即根据现实需要选择政府干预市场的角度和深度。这一判断既适用于西方国家，也适用于中国。从财政安全的角度看，要求政府这只"看得见的手"与市场这只"看不见的手"紧密配合，在资源配置、收入分配、稳定宏观经济等方面形成各司其职、取长补短的"左右手"。

（二）传统西方经济学理论中的财政安全线索

从历史到现代的发展轨迹来看，财政是一个古老的历史范畴，与人类社会相伴而生。从西方经济学思想史来看，在传统西方经济学形成之前的一些思想起源中，也能发现财政安全线索，这些线索对于财政安全理论的发展不可或缺。

1. 西方经济学思想起源过程中的财政安全线索

对社会利益的重视是寻求财政安全线索最基本的出发点。

我们考察的结果显示，在西方经济学思想形成的早期，有两条财政安全线索，其出发点和落脚点均在于社会利益。

第一条线索是探索如何在经济与财政之间形成良性的相互促进关系。在古希腊，经济活动要有利于增加城邦国家的收入，进而增进社会利益（即当时城邦国家的利益）。色诺芬在围绕这一问题进行全面考察之后，认为发展农业能够增加城邦国家的收入，能够让公民借助于本国的资源生活，以此可以锻炼出忠于国家且愿意为保卫国家而战斗的公民，而不仅仅致力于以家庭为单位的发家致富。其中的财政安全线索在于以农业经济活动为核心，实现增加财政收入和保障民生的目标，以此实现城邦国家安全稳定以及城邦国家利益最大化。

第二条线索是如何在公平和效率之间进行权衡和取舍。平等公正的分配和更有效率的分配，哪条路线更有利于社会利益最大化？在古希腊，为了让城邦国家摆脱当时的社会危机，实现城邦国家利益最大化，柏拉图和亚里士多德分别提出了"理想国"的构想和明智、自由地运用私有财产的思想。前者侧重于公平，后者侧重于效率。这种思想的差异性一直延续到古罗马和中世纪。在古罗马，效率线索被融入古罗马的法律体系，而公平线索则被融入基督教的主张中。在中世纪，效率线索开始被经院哲学所接受，而公平线索则在宗教改革运动中新派宗教的主张中得到传承。经院哲学家圣托马斯·阿奎那从社会利益出发看到各种经济行为的合法性和公正性，从中可以看到建立在公平线索基础上的效率线索。例如，当经商行为本身的牟利性从私人利益层面上升到社会利益层面时，经商已经不再是单纯的贱买贵卖的牟利行为，而是合法的和正义的。因为盈利除部分用于维持家计外，主要用于帮助穷人或公共福利，使国家所需物品不至于缺乏，于国于民都具有重要性，理应得到认可和支持。而在宗教改革运动中，一些由市民和农民平民组成的新教派则更关注效率对公平的损害，从而反对个人主义和自由主义，反对私有财产和阶级差别，但其提倡发展工业来抑制贫困，事实上也是利用效率手段来实现公平目标。

这些最初的财政安全线索对后来的重商主义也产生了重要的影响，并且得到了一定的发展。重商主义是16—17世纪西欧资本主义市场经济产生与发展时期占据主流地位的经济学说。这一学说并没有形成现代意义上的财政学体系，在其零散的财政观点中体现的财政安全线索具有政府干预下的保护主义特征，即以维护国家安全稳定为出发点和落脚点。为了实现增加金银流入和减少金银流出的目的，既可以通过直接的行政手段和法律手段，也可以通过间接的经贸手段，均与财政安全相关。因此，我们能够在重商主义的主张中发现财政安全线索。

晚期的重商主义以"做强贸易使其带来更多的金银"为核心目标，但贸易具有两面性，带来巨大财富的同时也面临本国经济被挤压的风险。因此，重商主义非常青睐使用关税壁垒作为工具，能够在发展贸易的过程中保护本国经济。除此之外，重商主义对税收持否定态度，认为税收作为统治者攫取财富或主导国民财富分配的手段，会威胁国家安全稳定。由此可以看到，重商主义的财政安全线索也是处于效率和公平的权衡中：在效率方面，主张通过关税限制进口和鼓励出口来发展和保护本国经济；在公平方面，主张国家有限参与国民财富分配。

体现重商主义财政安全效率线索的相关观点可以被归纳为四个方面：一是通过设定较高的进口税率来限制商品进口；二是通过出口退税来鼓励本国产品出口和已纳关税的进口产品、原料加工后再出口；三是通过免征进口关税，鼓励工业生产原料的输入，并禁止其输出；四是作为配套措施，政府通过补贴或奖励的方式，扶植和鼓励出口发展。体现重商主义财政安全公平线索的相关观点可以被归纳为三个方面：一是对外贸易顺差能够积累财富，包括国家以及国王、人民的财富，这就需要进行财富分配，而财富分配基于掌握在国王手中的课税权，显失公平的分配会引起国家政治斗争，威胁国家安全；二是国家收入的主要来源应是国家的财产，对私有财产征税是补充收入来源；三是国家是为了共同福利目的而存在，维持国家运转所需的经费是必要的，经费应该节省，无用经费的无限膨胀没有好处。德国重商主义的代表人物尤斯蒂提出合理课税的原则：一是君主课税要有限度，不能使人民得不到生活必需品；二是公平合理原则；三是不损害国家和人民的利益；四是应按照国家的性质和政府的体制来制定税收制度；五是明确的原则；六是税收便利和最少征收费用原则。①

对上述观点加以解释和总结，重商主义的财政安全线索更加清晰：首先，税收等财政问题涉及国民财富分配，在一些时候会成为导致社会、政治不稳定的因素。其次，税收收入必须合理取得，遵循税收原则，取之无度会损害经济社会发展和人民福祉。最后，行政经费要保障国家机构高效运转，在此前提下要厉行节约，行政经费的无限膨胀同样会损害经济社会发展和人民福祉。

2. "廉价政府"下的财政安全线索

如果说重商主义主张国家干预经济的思想，那么身处资本主义自由竞争时代的古典经济学派则是反对国家干预经济，认为自由竞争是经济发展的动力，市场这只"看不见的手"可以完全调节经济生活，供给可以创造需求，充分就业可以通过工资、价格和利率等市场变量自动实现，而资源的最佳配置和收入的合理分配可以自动地通过自由市场机制来实现。相应地，政府要在尽量小的范围内履行促进经济自由竞争和发展的职能，财政安全线索也在其"廉价政府"的主张中得以体现，即"最

---

① [美] A. E. 门罗编：《早期经济思想》，蔡受百等译，商务印书馆1985年版，第333—339页。

小的预算也是最好的预算",否则就超出了安全的限度。

威廉·配第、亚当·斯密、大卫·李嘉图、让·巴蒂斯特·萨伊、约翰·穆勒等古典经济学家均从不同侧面支持"廉价政府"主张,可将其体现财政安全线索的观点具体归纳为六个方面:一是以自由放任主义的一般原则来看待国家职能,从社会公共利益的角度确定政府的职责和活动范围,废除一切特惠或限制制度,淡化政府对经济的干预作用,以发挥市场机制的效率优势,实现经济活动的自动调节和社会资源的有效配置;二是某些社会公共职责不能由市场来完成,需要政府发挥作用,但需对政府活动的适应范围进行深入探讨并科学划定;三是政府仅是"公共财富的托管人",财政活动要遵循利益交换观,即通过赋税从人民的财富中取得公共的财富要有合理限度,而且必须取之于民用之于民,不能过多地用于统治者的私人消费;四是政府的税收政策应当鼓励人民增加资本和收入,不要去征收那种必然要落在资本上面的税赋,充分发挥直接税和间接税各自的作用;五是如果将政府财政支出用于购买本国商品而非外国商品,有利于促进本国商品生产和就业;六是反对政府举债,因为这与限制国家职能、节约财政开支的宗旨不符。

概括地说,古典经济学理论中的财政安全线索深刻地体现着"廉价政府"的原则,能够看到税收、公债、政府支出都具有两面性,维护财政安全需要扬长避短。具体为:税收在一定程度上侵害了私人财产,公债取走了一部分现实资本,国家经费几乎全部是非生产性消费。因此,税收应最大限度地用于民生支出,纯消费性质的非民生支出虽然是总需求的一部分,可以促进增长和就业,但规模过大、比重过高可能威胁安全,要有限度。

3. 社会福利最大化及外部性的纠正与补偿

新古典经济学派仍坚持以自由竞争的市场经济为假设条件,

基本奉行经济自由主义的主张，但对财政的重视程度显著提升。其对于财政的总体态度仍然是限制性的，认为政府可以通过财政手段干预经济，以克服市场经济自身的弊端，使经济趋向均衡，增大社会福利；但同时强调，因为市场机制出现失灵的范围和程度十分有限，政府干预和财政活动应局限于相对狭窄的范围内，诸如环境保护、基础教育等这些具有明显外部性的领域。

以阿尔弗雷德·马歇尔、阿瑟·塞西尔·庇古为代表的新古典经济学派在财政方面特别关注贫困、收入分配和社会福利最大化问题，可将其中体现财政安全线索的观点具体归纳为七个方面：一是贫困源于劳动市场需求结构的变化，当机械化致使劳动市场对非技术性劳动的需求持续减少时，非技术性工人及其子女就会陷入贫困，其健康和教育也将处于低水平；二是缓解贫困的思路有限制非技术工人的家庭规模、建立累进税制度、发展教育；三是相对于设立最低工资保障和工会来说，更为必要的是建立社会权利国家观，在自由市场中国家应加强对经济的管制，以保护公民的社会权利；四是效用就是满足，人性的本质就是追求最大的满足，而福利由效用构成，如果个体都实现效用最大化，那么社会福利最大化也同时实现；五是个人实际收入的增加会使其满足程度增大，根据边际效用递减理论，转移富人的货币收入给穷人会使社会总体满足程度增大；六是国民收入总量越大，社会经济福利就越大，国民收入分配越是均等化，社会经济福利也就越大；七是仅靠市场是不能消除外部效应的，只有通过国家运用财政工具进行适当干预，才能中和外部效应，例如，根据污染所造成的危害程度对排污者征税，对环境保护等具有正外部性的活动给予财政补贴。

在西方经济学说史上，新古典经济学派首次将社会福利问题与财政的收入分配职能结合起来。当然，在其理论观点之间探寻财政安全线索的过程中，我们发现，其倡导国民收入分配均等化的观点并不可取，因为收入均等化会损失效率，一般市场经济国家不会选择，但这项开创性的工作对公共服务均等化提供了理论基础。即公共服务总量增加可增进社会福利，公共服务越是均等化，社会经济福利也就越大。

可见，新古典经济学理论中的财政安全线索主要集中于财政政策的方向和目标。首先，应力求社会资源的配置达到最优状态，实现国民收入最大化，这就需要利用财政直接投资、财政补贴、税收优惠等措施，促进边际社会净产值大于边际私人净产值的产业发展。其次，在实行高额累进税制的基础上，增加财政的社会福利支出，使低收入者的货币收入增加，实现国民收入最大限度的均等化。最后，采用相应的财政支出政策解决就业问题，而对教育提供财政支持是可靠路径。

（三）现代西方经济学理论中的财政安全线索

19世纪，德国历史学派、瑞典学派和奥意学派重视财政及其经济影响，弥补了传统西方经济理论的空白。它们的兴起，被认为是现代财政学的起源。经过约翰·梅纳德·凯恩斯、保罗·萨缪尔森以及阿罗等人的努力，直到20世纪50年代末，理查德·阿贝尔·马斯格雷夫将财政学从对融资、货币、流动性和资本市场的重视转到对资源配置、收入分配、充分就业、物价稳定和增长问题的重视上来，现代意义上的财政学体系终于形成。当然，在每个流派中都有自己的财政主张，从中均能发现财政安全线索。

1. 在历史进程中发现并遵循财政规律

以弗里德里希·李斯特、卡尔·古斯塔夫·阿道夫·克尼斯、阿道夫·瓦格纳为代表的德国历史学派强调历史发展阶段的特征，主张从各国历史发展进程和实际情况出发，基于各自的发展特性，运用实证的历史主义观点和方法来分析国民经济，制定具体的经济政策，反对用单一的公式来规定经济发展的因果关系。

在历史学派关于经济发展的阶段、经济发展的特殊性、经济理论的相对性等问题的阐释中，能够发现财政安全线索，可将其具体归纳为六个方面。一是经济发展的核心是国民生产力发展，国家是促进国民生产力发展的关键，因为国家能够提供强有力的财政扶持，所以财政应致力于促进国民生产力发展；二是财政支持路线为优先支持工业发展，力求以工业来完善农业等传统产业部门、完善国家经济结构，进而实现产业部门间的协调发展，并激发教育、科技、政治、经济和法律在促进生产力进步中的作用，强化国家增进社会福利的职能；三是在诸多财政工具中，保护性关税对于促进国民生产力发展最有效；四是财政救助是社会改良的主要支柱，而税收可以对个人所得和财产分配加以矫正，但税收需遵守财政收入原则、国民经济原则、社会正义原则、税务行政原则四项原则；五是一国政府的支出与其经济发展阶段之间，也就是政府职能的扩大与国家所得的增加之间存在一种函数关系，随着经济的发展、国家职能的扩大，为履行国家职能的公共支出会不断增加（瓦格纳法则）；六是公共支出是生产性的，它将转移到国民生产的总值中，在无法实现平衡预算时，可利用公债发展公共事业，但条件是它未来产生的财政收入能够补偿公债本息，并符合国家职能的要求。

总体来看，德国历史学派抓住了一系列财政规律，包括财政和经济发展的关系规律、财政支出不断增长的规律、税收转嫁的规律以及税收原则、直接税和间接税、单一税和累进税的优点和缺陷等。财政安全线索就蕴含在这些财政规律之中，一般来说，财政活动符合财政规律就在安全的范围内，否则便存在安全隐患。从安全的角度诠释历史学派的主要观点：首先，财政安全的内涵和要求与特定的历史阶段相关，相关的分析和判断要有历史的视角；其次，要为财政政策设计路线，突出重点，关注经济变量间的联系，不能"胡子眉毛一把抓"；再次，财政支出的不断增长不能突破特定历史阶段的国家职能范围，完整的税收体系对于实现国家职能非常重要，但须恪守税收原则；最后，在遵循财政规律的基础上，合理运用税收、支出、赤字、国债等财政工具，实现财政目标。

2. 在动态均衡和数量关系下运用财政工具实现国家干预

以克努特·维克塞尔、埃里克·罗伯特·林达尔、卡尔·纲纳·谬尔达尔为代表的瑞典学派最主要的理论贡献是突破了新古典经济学的分析框架，创立了宏观动态的均衡分析方法，提倡静态分析与动态分析结合，并创造了时点、时期分析，事前、事后分析，序列分析、过程分析等新概念。

瑞典学派为后来凯恩斯学派的宏观经济理论和国家干预思想的形成奠定了理论基础，其观点中的财政安全线索体现在包含财政政策的政策体系中，具体可归纳为四个方面：一是为了消除失业和经济萧条，政府需运用货币政策、财政政策等手段干预经济，其中以货币政策为主，以财政政策、产业政策、工资政策为辅，但在经济稳定政策中，更为重视财政政策的运用，并提出"积极的财政政策"概念。二是为了保障财政政策的实施，需要确保财政预算平衡，而为了保障财政政策的稳定性和持续性，则需要变年度平衡财政预算为补偿性财政预算，亦即周期性平衡财政预算。三是以居民在消费公共产品所获得的效用为核心，在税收与公共产品和公共服务供给（财政支出）之间建立数量关系，公共产品和服务给居民带来的正边际效用，应等于居民因纳税而损失的负边际效用。也就是说，课税和提供公共产品要满足一定的数量条件：在课税方面，国家应按收益原则根据居民的效用评价来课税，以充分体现公平，这要求居民纳税额与其消费公共产品所获得的边际效用价值相等；在进行公共产品供给方面，政府提供某一项公共产品的成本等于消费者为其纳税的总和，以实现公共产品供给与需求的均衡。四是在居民效用评价的表达方面，应由居民对预算支出和税收份额的多种组合方案进行投票，由于很难得出一致的方案，则以"近似一致原则"做出公共产品供给决策。

可以看出，满足上述的数量关系及其条件，财政必然是安全的，而这些条件基本可以纳入动态均衡的范畴。无论是周期性预算平衡，还是体现公共产品供需关系的"林达尔均衡"，都是动态而非静态的概念。从而，瑞典学派的财政安全线索逐渐清晰：在关注宏观经济动态的基础上，重视财政政策在促进经济稳定与发展方面的积极作用，积极地运用财政政策实现政府对经济的干预来实现宏观经济目标，但财政政策的实施要有明确的数量界限，保证相关财政变量以及预算的动态均衡，并且保证最终决策符合既定的政治程序。

3. 以公共产品供给和消费来安排财政收支

以马费奥·潘塔莱奥尼、乌戈·马佐拉、德·马尔科、埃米尔·萨克斯为代表的奥意学派专门从公共产品供给和消费的角度探寻税收和财政支出之间的关系，并创立了较为系统的公共产品论。其体现财政安全线索的观点为五个方面：一是公共产品无法通过市场提供，需要政府以财政支出来提供，而为每项公共产品花费多少财政支出，取决于公众对每项公共产品的需求，这种需求可以用效用来表示，通过比较各项公共产品所带来的边际效用的大小来决定为各项公共产品分配多少财政支出。二是政府提供公共产品需要有稳定的财政收入来源，公众享受公共产品需要付费，二者之间通过税收建立联系，即公众缴纳税收为公共产品付费并作为政府稳定的财政收入来源，用于保障政府的公共产品供给。三是公众只有纳税才能消费公共产品和服务，而每个消费者应缴纳多少税收，则需根据受益原则来确定，即要求每个消费者按照其消费公共产品时所获得的边际效益缴纳。四是税率的设计不能单纯考虑边际效益，还要考虑收入和财产背后的纳税能力，采取累进税率，让富人多纳税。五是总共要征多少税需要集体确定，使得税收被公众接受。

归纳起来，奥意学派观点中的财政安全线索分别落在公共产品的供需主体上。一方面，要看政府提供的公共产品和服务是否能够满足公众的需求，另一方面要看公众缴纳的税收是否能够补偿其消费的公共产品的成本。这两个方面为财政安全划定第一层界限。在此界限内为财政安全划定第二层界限：寻求顺利实现公共产品供给的条件，就是要在纳税人能力范围内征税，实现税收公平和效率，并且让政府和公众两个主体均能接受。

4. 遵循弥补市场失灵、逆风向行事、乘数效应最大化等财政政策策略

在20世纪20年代末30年代初爆发的资本主义国家经济大危机的历史背景下，经济自由主义受到了前所未有的挑战，古典宏观经济理论面对这场经济大危机感到束手无策。凯恩斯分析经济大危机的实质为市场失灵造成的宏观经济大幅度波动，因此，市场无法通过自我调节走出危机，只能通过政府干预来矫正。凯恩斯提出一整套反萧条、解决失业问题的理论和政策，引发了经济理论的"凯恩斯革命"，凯恩斯学派应运而生。

凯恩斯学派的代表人物除了凯恩斯本人，还有阿尔文·汉森、詹姆斯·托宾。在财政问题上，凯恩斯学派主要探讨政府如何利用财政政策干预经济，蕴含财政安全线索的观点主要有四个方面：一是将财政提高到相当高的地位，是政府干预经济最重要的手段。通过分析"消费倾向""资本边际效率"和对货币的"流动性偏好"，揭示了造成失业和经济危机的根源是有

效需求不足、市场总供求失衡问题。由于市场调节本身并不能弥补总供给和总需求之间的缺口,即私人支出不能消化吸收全部生产性资源。这便需要政府通过制定和执行宏观经济政策对经济活动进行干预,其中最重要的干预手段是财政。二是财政活动范围仅限于市场失灵领域。因为政府干预的目的是让市场的作用更为充分地发挥,而不能取代市场机制的作用,损害市场自由竞争,所以市场失灵划定了政府的活动范围。财政是政府干预最重要的手段,所以市场失灵也划定了财政活动范围。市场失灵包括信息不对称、市场不完全、公共产品、外部效应、自然垄断等。三是面对以有效需求不足为特征的生产过剩的经济危机,需要实施扩张性财政政策,有效运用税收、支出、公债、预算等财政工具,通过增加财政支出、建立国有企业、兴建公共工程、大幅减税等,消化吸收过剩的生产性资源,刺激投资和消费需求的回升,引导各种经济力量,实现充分就业。四是警惕经济长期停滞,避免经济长期过剩,政府需要长期利用财政政策干预经济,把充分就业和经济增长作为财政政策的长期目标,实施"充分就业预算"的财政政策。财政不仅需致力于为私人部门提供基础设施等良好的发展环境,而且需要直接参与战略性产业的投资活动。

归纳其中的财政安全线索:在充分认识财政对于宏观经济调控重要性的基础上,将财政职能从保障国家基本职能扩围到提供公共产品及服务、矫正市场失灵,但在全面发挥财政调节总供给和总需求的作用的同时,不能超越政府干预市场的限度。在对市场有限的干预下,还要看到需求不足不仅仅是一个周期的问题,需要放眼长期,实施以充分就业均衡为目标的财政政策。

由于不同国家的具体情况不同,凯恩斯学派理论的发展过程中出现了分化,最有影响的是发展于美国的新古典综合派和发展于英国的新剑桥学派,它们从不同角度继承和发展了凯恩斯学派。以萨缪尔森为代表的新古典综合派的特征是将凯恩斯的理论和古典经济学派理论综合在一起,既强调政府干预的作用,又强调市场机制对供求的调节作用,尤其重视财政政策在稳定经济方面发挥的作用。新剑桥学派则从产业结构和分配结构的角度来理解凯恩斯理论,利用凯恩斯理论来解决资本积累和技术进步等当时较为迫切的问题,完成凯恩斯理论从"总量分析"到"结构分析"的转变。新剑桥学派也重视财政政策的作用,但与新古典综合派的调节方向不同,从保持宏观经济稳定转向了缩小收入差距。

新古典综合派和新剑桥学派体现财政安全线索的观点主要有四个方面:一是政府应有意识地对经济进行逆风向调节,以达到稳定经济增长的目的,为了熨平经济周期应实行补偿性财政政策,为了刺激经济快速增长应实行增长性财政政策,为了应对复杂的经济形势应实行多样化的财政政策。二是应通过合理的税收和财政支出政策来改变现存的收入分配不合理的状态,缩小贫富差别。在税收政策和财政支出政策中,更加注重运用税收政策调节收入差距。三是运用税收政策调节收入差距,需要在总体税制和具体税种上都做出相应安排。在税制的设计方面,不仅要分析税收对宏观经济的影响,还要分析税收对微观经济的影响,遵循公平原则,根据不同的行业和纳税人的负担能力来设计税制,并在此基础上明确税收负担的归属和税收优惠的落脚点。在具体税种上,主张实施累进的所得税制度,使高收入者多纳税,低收入者少纳税;对奢侈品征收消费税,对生活必需品给予减税;征收遗产税,并将遗产税收入用于提供公共产品和服务。四是为了改变经济"滞胀"状态,财政政策应致力于减少和消灭财政赤字、解决就业问题和稳定物价,为了克服经济的短期不稳定和无计划的盲目增长,还需对投资实行包括财政手段在内的全面社会管制。

从财政安全的角度诠释上述主张,其中蕴含着两方面的财政安全线索。一方面，在于财政政策运用策略，遵循"逆风向行事"的原则，当总需求水平过低，产生衰退和失业时，政府应采取刺激需求的扩张性财政政策；当总需求水平过高，产生通货膨胀时，政府应采取抑制总需求的紧缩性的财政政策。另一方面，在于财政政策的目标，财政政策不仅要致力于实现宏观经济稳定的目标，还要致力于实现公平分配的目标，而累进的所得税、消费税、遗产税等税收工具的收入分配功能较强。

如果说，新古典综合派继承了凯恩斯的宏观需求管理理论，仅是根据当时经济发展的需要对凯恩斯理论进行了修补，那么以约瑟夫·斯蒂格利茨、格里高利·曼昆为代表的新凯恩斯主义则是力求为凯恩斯理论夯实微观基础。20世纪60年代末至70年代初，资本主义国家出现了经济"滞胀"问题，凯恩斯理论对此无法合理解释，遭到了其他学派的猛烈抨击，为了重塑凯恩斯主义经济学的主流地位，新凯恩斯主义兴起。新凯恩斯主义运用市场不完备、信息不完全及信息不对称的理论，对劳动力市场及商品市场进行了分析，对工资（价格）刚性进行了解释，从而为凯恩斯宏观经济政策奠定了较为坚实的微观基础。

当然，新凯恩斯主义关于财政的主张依旧以财政政策为主题，体现财政安全线索的观点有三个方面：一是由于私营经济的决策有时会导致没有效率的宏观经济结果，为此，政府及公共部门应实施积极的财政政策，并与货币政策相配合，来指导市场经济合理运行和发展。二是市场如果缺少合理的政府干预，私人获利交易会带来系统风险，始于2008年的国际金融危机就是如此。事实上，市场发展的失败也反映了政府的失败，也即政府运用财政、货币政策工具干预、调节市场的失败。三是在财政方面应坚持平衡预算原则，但在不同的技术路线中应该选择乘数效应大的作为政策取向。因为良好的经济政策应具有较强的乘数效应，从本质上看，税收主要针对的是富人，支出主要针对的是穷人，那么在提高税收的同时增加支出就会很容易获得极高的乘数，应作为财政政策的最佳选择。相对来说，在降低税收的同时削减开支则会造成大量的资源闲置和巨大的浪费，不是财政政策好的选择。

从财政安全的角度诠释上述主张，其中蕴含的财政安全线索：政府需要科学运用财政政策工具干预市场，尤其是防范化解市场风险，而财政政策工具选用的策略是不同工具组合及具体方案中预期政策效果最大者。如果预期效果是在保持预算平衡的前提下实现政策乘数最大化，还需要以结构的视角更加精准地运用政策工具来刺激经济。当选择提高税收的同时增加支出作为政策的技术路线时，还要进一步考虑如何增税及如何增加支出，才能获得最大的政策乘数。

5. 注重货币供应量与财政政策的相互影响

西方世界的"滞胀"除了催生了新凯恩斯主义之外，还催生了其他派别，主要有货币主义学派、理性预期学派、供给学派，它们重新审视政府对经济的干预并未取得理想效果的原因，批判凯恩斯理论，强调市场的作用，力图恢复古典学派的传统，推动"自由主义回潮"。

其中，以米尔顿·弗里德曼为代表的货币学派持"货币最重要"的观点，认为货币政策处于宏观经济政策体系的中心地位，并形成以货币理论为基础的宏观经济理论体系。在实践中，美国、英国、瑞士、日本等国家都曾不同程度地运用货币学派的理论来控制通货膨胀、稳定经济，其效果明显优于对工资和物价实行冻结或管制的"收入政策"。当然，货币学派的财政政策主张也以货币为出发点和落脚点，带有财政安全线索的观点主要有五个方面：一是当代一切经济活动都离不开货币信用形式，所有经济变量的变动均与货币有关，包括财政政策在内的一切经济政策和调节手段都要借助货币量的变动来发挥作用。二是货币供给量在短期内决定国民产出的变动，在长期则决定价格水平，是影响物价和经济波动的根本原因，政府可以通过控制货币供应量来调节整个经济，财政作为经济变量，也通过货币量来调节。三是政府应实施固定货币供应增长率政策，即实行单一规则的货币政策，将货币供应量控制在既适度又稳定的水平上，以规避相机抉择货币政策的时滞。四是应实施预算平衡的财政政策，尤其是缩小政府支出的财政政策，而不是通过增加政府支出以实现充分就业的赤字财政政策。因为政府推行的以增加财政开支促进就业的政策，会促使货币供应增长率超过经济增长率，最终形成"滞胀"的局面。五是财政政策要持续地发挥作用，必然要通过创造货币融资，这样的政策必然是膨胀性的，最终财政政策不是减少了经济的不稳定性，而是增加了经济的不稳定性。如果增加财政支出却没有相应地扩大货币供给量，那么赤字财政政策对经济的刺激作用就只能是暂时的或微小的。所以，政府不应该把精力过度地投入到财政政策上，而是应将关注点转移到货币政策上来。

总而言之，货币学派所持观点体现的财政安全线索，最重要的是将财政与货币供应量建立起直接的联系，即在制定财政政策时必须考虑对货币供应量的引致影响。例如，在运用增加支出的扩张性财政政策时，要特别关注货币供应量的变动，防止在巨大的财政赤字的同时，出现严重的通货膨胀。

6. 忽视预期的作用会导致财政政策无效

以罗伯特·卢卡斯、托马斯·萨金特、尼尔·华莱士为代表的理性预期学派认为，因理性预期的存在，政府政策不能产生应有的效果，反而是要依靠市场，让市场机制充分发挥它的自发调节功能，自然而然地稳定经济。其理论体系是建立在传统经济学一般均衡模型的两个假定前提之上的：其一是"理性预期假说"，即判断自己未来的行动对市场的影响，以选择效果最有利的行动；其二是"持续的市场出清"，假定价格变动得非常迅速，因此市场上总是处于供求的均衡状态。在此理论基础之上分析经济主体和政府之间的博弈及可能致使政府政策低效或失效的原理：经济行为的主体能够依据充分的信息对未来事件（包括政府行为）做出合乎理性的预期，事先可以对政府将要实施的政策做出准确判断，并据此采取行动规避政府政策对自己的不利影响，从而冲淡政府政策的效果。

理性预期学派的一个重要贡献是令政府制定宏观政策时考虑经济主体的预期，财政政策必然包含在其中，也必然有一些带有财政安全线索的观点产生，具体可归纳为四个方面：一是在宏观经济政策层面，政府应该制定并公开宣布一些永久不变的规则，让经济主体对宏观经济政策形成一定程度的理性预期，否则，如果政府采取出乎意料的经济政策，经济主体的预期失误对经济稳定的损害要高于政策产生的短期效果。二是关于永久不变的规则，实际上就是对某些经济变量做出一些规定。考虑到政府政策不能对经济的产量、就业等"实际"变量产生影响，却能够对一般物价水平等"名义"变量产生影响，被选定的宏观经济政策变量也应是名义变量，如在货币政策上规定一个长期不变的货币供应量的年增长率，在财政政策上制定一个平均起来能使预算平衡的概率。这样，给经济主体一个稳定的预期，更有利于实现一般物价水平趋于稳定的目标。三是财政政策的目标应该放在防止或减少通货膨胀而非失业上，使经济行为主体不因财政政策的频繁干预而产生持续的膨胀性预期，同时释放财政政策长期稳定的信号并被经济主体接受，形成稳定的理性预期，进而促进稳定价格水平的目标实现。四是要释放财政政策长期稳定的信号，政府应该放弃相机抉择的财政政策，并设法消除财政支出等变量的不规则变动。

由此可见，上述观点体现的财政安全线索也离不开理性预期这一核心：制定和实施财政政策的一个必要前提是把握市场预期，如果忽视预期则会导致政策低效、无效，甚至是负效应的结果，不仅无助于稳定经济，反而会损害经济稳定。稳定市场预期需要财政政策在总体上保持一定的稳定性，还要保证某些财政变量稳定在一定的区间内。

7. 以供需双向调节来安排财政政策工具组合

与货币学派的观点类似，以阿瑟·拉弗、裘德·万尼斯基、杰克·肯普为代表的供给学派同样认为政府干预经济是产生"滞胀"的主要原因，尤其是大规模、高速增长的财政支出，造成需求过度膨胀，引导经济行为从生产向消费转移，致使资本积累、技术进步、生产率提高等供给侧的经济增长要素被削弱；而要走出"滞胀"陷阱，促进经济增长，应该减少政府干预，提升供给对经济增长的贡献。除此之外，供给学派对货币学派和理性预期学派的观点进行了批判性的吸收：一方面，认为稳定货币不应专注于稳定货币数量的增长，而是应该专注于稳定货币价值；另一方面，认为货币价值保持稳定，人们对通货膨胀的预期就会消失，其经济行为就会倾向于增加储蓄、减少消费，进而促进生产性投资，实现从供给侧促进经济增长的目的。事实上，对供给学派影响最深的还是"萨伊定律"，令他们反对政府过多的干预，主张放宽或取消各种限制条件和规章制度，让市场自行调节经济活动，实际是为萨伊定律发挥作用创造市场经济完全竞争的前提条件。

在这样的理论背景下，就能梳理出隐含财政安全线索的供给学派观点：一是只要国家不干预私人经济活动，让市场发挥自动调节作用，产品就不会过剩，失业就不会存在，"滞胀"就不可能产生，因此要慎用财政政策。二是在运用财政政策时，应从供给侧出发，具体的技术路线是在减税的同时缩减财政支出，保持平衡预算，实现增进供给的目标。

这样归纳后，隐含的财政安全线索便清晰呈现：一是财政政策的制定实施须注重对供给需求的双向调节，这要求在运用财政政策进行宏观调控时须避免工具的单一化，原因是不同财政工具的功能不同，财政支出主要影响需求，税收主要影响供给，使用单一工具，容易对需求或供给调节过度，造成宏观经济调控目标难以实现。二是注重根据整体政策取向来安排税收和财政支出工具组合，如果是支持供给为主，优先选用"减税＋减支"组合，如果是支持需求为主，优先选用"增支＋增税"组合。三是预算平衡是有效的财政安全管理策略，既能防范直接的收不抵支的风险，又能防止间接的财政政策对总供求调节低效、失效、产生负效应的风险，所以在实施财政政策的过程中还需要注重预算工具的使用。

8. 将公共品供给纳入公共选择框架并鼓励市场参与

出于对政府干预较多的担忧，肯尼斯·阿罗、詹姆斯·布坎南、戈登·塔洛克等学者促成了公共选择学派的形成和发展。他们认为"滞胀"的形成在很大程度上是由国家干预的单向性导致，在萧条时容易增加政府支出，而繁荣时却难以压缩政府支出。从而主张将政治决策与经济问题结合起来，以公共选择规则和立法形式约束政府不过多地干预经济。公共选择学派认为自由市场制度下只有私人产品能够进行市场交易，公共产品交换行为难以产生，进而探讨了如何通过政治程序实现公共产品最佳供应的问题。对相关观点进行归纳：一是不存在理想的集体决策规则，因为在符合预定规则的集体决策的条件下，不可能从已知的个人偏好顺序中推导出统一的社会偏好顺序，那么也可能不存在所谓的社会福利函数。二是一致同意可以作为理想化的标准，也就是说，理论上应基于全体一致原则进行公共决策，因为政治过程是公共决策主体获得相互利益的合作途径，只有达成一致，才能获得更大的利益。三是将市场的竞争机制引入政治领域能够显著提高政治决策的效率。尤其是在公共产品供给领域，引入市场机制后，私人企业、非营利机构、半独立性的政府公司以及政府机构等各种类型的组织都可以提供公共产品和服务，可以根据公共产品和服务的类型选择效率最高的提供主体。

对上述观点从财政安全的角度诠释，可以抓住其中的财政安全线索：一是在实施以扩大支出为内容的财政政策时需要充分考虑财政支出的刚性特征，从而做出前瞻性安排。二是在某些市场不完全失灵的公共产品和服务领域，可以让市场机制充分发挥作用，按照市场规则来组织公共品的生产和供给，既能提高公共品的供给效率和质量，也能实质上减轻过大规模的公共品供给带给政府的负担，政府可以专注于市场完全失灵的公共产品和服务供给。

（四）西方公共财政学理论中的财政安全线索

20世纪30年代的世界经济危机导致了西方经济学说的一次转变，随着实践中政府越来越广泛地干预经济活动，政府的公共政策也得到了越来越多的关注。在此过程中，理论上出现了财政学向经济学回归，财政被视为有关公共部门的经济活动，"公共经济学"概念被推出，"公共财政"概念得以形成。

理查德·阿贝尔·马斯格雷夫把宏观经济学、微观经济学、公共部门政策、政府决策等理论融入财政税收理论，为西方公共财政学搭建起理论框架。一方面，以政府和市场之间的关系界定公共财政范围，即市场机制无法发挥全部经济功能，需要政府公共政策的指导、修正和补充的领域。另一方面，从理论上界定了公共财政的三大职能：资源配置、收入分配和经济稳定与发展。尽管此后公共财政理论与实践一直在快速地发展和完善，但这两方面的基本界定一直沿用至今。

由于公共财政学分析和解释的财政现象和财政活动越来越细致具体，各理论观点的融合程度也越来越深，因此要从中探寻财政安全的线索需要建立新的维度。经过反复比较，我们选择工具维度，在公共支出、税收、财政融资、财政分权的前沿成果中进行探索。

1. 公共支出政策效应需多层次、多角度判定

在公共支出领域，学者们首先聚焦财政支出与经济增长之间的关系。综合肯尼斯·阿罗、莫迪凯·库尔兹、罗伯特·巴罗、保罗·罗默、桑特亚南·德瓦拉简、维纳亚·斯瓦卢普、托德·库珀等学者的相关研究，发现对财政支出与经济增长之间的关系的判断呈现出两种截然不同的观点，一种观点是二者正相关，另一种观点是二者负相关。但两种观点并不具有完全的互斥性，表现在特定环境下正相关可能向负相关转化。

具体可作如下归纳：一是将政府支出纳入生产函数作为外生变量，那么政府支出的变化仅影响经济增长的动态，而不会改变经济的稳态增长率；而将政府支出纳入内生经济增长模型，那么政府支出的变化会显著影响经济的稳态增长率，并且二者呈负相关关系。当政府增加消费性支出后，经济增长率和储蓄率会下降；当政府增加生产性支出后，经济增长率和储蓄率会经历上升阶段，但最终还是会下降。二是综合考虑时间序列下不同国家的产出、投资、政府服务、人口数量和经济增长等因素，可以发现政府支出规模对经济增长具有正向影响，而且这种正效应在中低收入国家更强。三是正向影响并不稳定，通过进一步的结构性分析就可以显现出来。结构性研究表明，发展中国家中央政府支出占GDP的比例对人均GDP的移动平均增长率具有正向影响，经常性支出占总支出的比例也具有正的经济增长效应，但政府消费性支出占GDP的比例对经济增长具有显著的负向影响，减去教育和国防支出后的政府消费性支出占实际GDP的比例仍对经济增长具有负向影响，从而可能抵消政府支出对经济增长的正向影响而体现为二者的负相关关系。

从财政安全的角度诠释上述观点可知，以增加财政支出为内容的扩张性财政政策并不一定能够促进经济增长。在运用财政支出工具进行宏观经济调控时，需要对财政支出进一步细分，分析每类财政支出和经济增长的相关性，慎重选择，避免"逆调节"出现。

除了关注财政支出对于经济增长的影响外，学者们还关注财政支出对收入分配的影响及财政支出自身受到的影响。例如，基南金和彼得·兰伯特对税收和公共福利性支出的收入分配效应进行比较研究，得出公共福利性支出对再分配的贡献显著高于税收。[1] 再如，莫妮卡·埃斯卡拉斯和彼得·卡尔卡尼奥考察了州长任期限制类型对州政府支出的影响，发现对执政者任期的约束越宽松，其支出的冲动就越大。[2]

从财政安全的角度诠释这类观点可知：首先，不仅应关注财政对宏观经济的影响，还应关注财政对微观的收入调节，重视财政的再分配功能。其次，在对具有收入再分配功能的财政工具组合进行相关制度和政策安排时，需要以各财政工具的再分配效应大小为依据。最后，由于财政支出具有刚性，需尽可能地抑制财政支出规模的迅速膨胀，可行途径之一是从预算、任期限制、选举制度等方面收紧对执政者的约束，为其建立起经济行为规范。总之，公共支出的财政政策效应需多层次、多角度判定，既要考察总效应，也要考察结构效应；既要与其他工具进行政策效应对比，还要考虑支出刚性。

---

[1] Kinam Kim, Peter J. Lambert, "Redistributive Effect of U. S. Taxes and Public Transfers, 1994 – 2004", *Public Finance Review*, Vol. 37, No. 1, 2009, pp. 3 – 26.

[2] Monica P. Escaleras, Peter T. Calcagno, "Does the Gubernatorial Term Limit Type Affect State Government Expenditures?", *Public Finance Review*, Vol. 37, No. 5, 2009, pp. 572 – 595.

2. 税收功能实现路径需从多角度分析

税收也是政府行使职能的重要财政工具,在国家治理之中发挥着重要作用,它能够与产出、投资、就业等多方面建立起密切的联系,税收功能实现路径可以从相关性、影响因素、效应、税种、主体间博弈等多角度加以分析。所以,税收向来被视为公共财政的主要研究对象,且在很多研究中都能发现财政安全线索,具体进行如下梳理。

一是对劳动所得课税的产出效应既取决于技术参数,也取决于税收水平。而对税收水平的观测又能发现二者关系体现在两个层面。从平均税率看,不同国家的劳动所得税对产出的短期影响和长期影响是不同的,但从长期边际税率看,劳动所得税和产出之间存在着显著的长期的正相关关系。[1]

二是税收能够影响投资是毋庸置疑的,那么当税收政策具有不确定性时,企业会综合投资的不可逆性、交货时滞、调整成本等因素形成最优的投资应对策略。当然,不同税种的税收政策变化对投资的影响是不同的,其中影响最大的是企业所得税政策的变化或者企业所得税制改革,减税将刺激投资增长,增税则将导致投资缩减。[2] 同样,不同的纳税人对同样的税收政策也会做出不同的投资决策。例如,研究表明新市场税收抵免(NMTC)项目对自然人纳税人产生影响,将以对NMTC项目投资替代部分消费,而其对企业纳税人的投资项目不产生明显影响,但企业纳税

---

[1] Daniela Sonedda, "The Output Effects of Labor Income Taxes in OECD Countries", *Public Finance Review*, Vol. 37, No. 6, 2009, pp. 686–709.

[2] Alaa El-Shazly, "Investment Under Tax Policy Uncertainty: A Neoclassical Approach", *Public Finance Review*, Vol. 37, No. 6, 2009, pp. 732–749.

人的投资区域可能向 NMTC 项目所在区域调整。①

三是税收的再分配功能也是毋庸置疑的，但再分配功能的大小受到多种因素的影响，其中税务机关能从纳税人那里征到多少税是根本，相应地，税收遵从度得到关注。不同的纳税方式显然会影响税收遵从度，研究表明个人所得税代扣代缴制不易逃税，而自行申报制则容易逃税，并且收入越高者纳税遵从率越低。②

四是税收的资源配置功能也受到税收征管程度和效率的影响。可以将纳税人和税务机关之间的互动通过建立理论模型进行解释，在充分考虑税务机关执法所耗用的资源和纳税人所承担的税收遵从成本的基础上，达到非合作博弈均衡。以增值税为对象进行考察，发现增值税率越低，税收的征管成本越低，维护市场竞争的规章制度越完善，衡量政府监管质量、法治和有效性的指标越多，则增值税的征收效率就越高。③

五是税收竞争与公共物品提供之间存在密切关系，基于税收相当于为公共品支付使用费的认识，可以进一步看到税收竞争的作用。如果没有税收竞争，则公共产品价格为零。正是有了税收竞争，公共产品才获得了正的价格，国家才能通过税收对公共产品使用收费，这一关系又反过来激励了税收竞争或者

---

① Tami Gurley-Calvez et al., "Do Tax Incentives Affect Investment? An Analysis of the New Markets Tax Credit", *Public Finance Review*, Vol. 37, No. 4, 2009, pp. 371 – 398.

② James Alm, John Deskins and Michael McKee, "Do Individuals Comply on Income Not Reported by Their Employer?", *Public Finance Review*, Vol. 37, No. 2, 2009, pp. 120 – 141.

③ Luiz de Mello, "Avoiding the Value Added Tax: Theory and Cross-Country Evidence", *Public Finance Review*, Vol. 37, No. 1, 2009, pp. 27 – 46.

增加了税收竞争强度。① 税收竞争可以有多种载体，其中税收优惠是参与税收竞争或应对税收竞争常用的抓手，但税收优惠不能滥用，需要在基于本国国情的利弊分析基础上，进行策略性的安排，尽可能提高税收优惠的有效性。②

六是尽管税收竞争可以成为一国推动税制改革的动力，但过度的税收竞争将带来不同层面的经济损失，因此还需要各国在税收政策协调方面做出努力。有研究表明，各国协调减税政策会对每个参与的国家带来好处。③ 然而税收协调的实现需要考虑多方面的影响因素，包括税收竞争载体、国家和区域间的差异等，而差异也同样体现在多方面。相关研究表明，在对资本征税上存在着税收竞争时，区域差异可能导致税收协调不易实现；④ 而当人均资本禀赋或生产技术方面的区域差异导致净资本输出的差距越来越悬殊时，各方在对资本征税方面的合作意愿可能会达成，从而实现税收政策协调。⑤

对上述研究及其结论从财政安全的角度诠释，可以发现税收功能的实现路径需要从相关性、影响因素、效应、税种、主

---

① Bernd Huber and Marco Runke, "Tax Competition, Excludable Public Goods, and User Charges", *International Tax and Public Finance*, Vol. 16, No. 3, 2009, pp. 315 – 336.

② Alexander Klemm, "Causes, Benefits, and Risks of Business Tax Incentive", 21 Sep., 2009, IMF, https：//www.imf.org/external/pubs/ft/wp/2009/wp0921.pdf.

③ Bernd Huber and Marco Runke, "Tax Competition, Excludable Public Goods, and User Charges", *International Tax and Public Finance*, Vol. 16, No. 3, 2009, pp. 315 – 336.

④ Jun-ichi Itaya, Makoto Okamura, Chikara Yamaguchi, "Partial Tax Coordination in a Repeated Game Setting", *European Journal of Political Economy*, Vol. 34, No. 6, 2014, pp. 263 – 278.

⑤ Jun-ichi Itaya, Makoto Okamura, Chikara Yamaguchi, "Are Regional Asymmetries Detrimental to Tax Coordination in a Repeated Game Setting?", *Journal of Public Economics*, Vol. 92, No. 12, 2008, pp. 2403 – 2411.

体间博弈等角度分析中最终得出，其中可见诸多财政安全线索：一是不能简单地将个人所得税作为调节宏观经济的工具，个人所得税尤其不适宜作为短期宏观调控的工具。二是提高税收政策透明度会促进投资加速，增加企业所得税优惠也会促进投资增加。三是税收征管成本、制度完善程度以及申报方式均影响征税规模，在这几方面采取改善措施可有效增强税收安全性。四是税收竞争的存在是客观的，建立起国家层面和地区层面的税收协调机制，有助于提高税收政策效果，减轻税收竞争的不良影响。

3. 财政融资需处理好各融资方式之间的关系

理论上，政府提供公共产品和服务的资金来源于税收，但实际上财政融资方式还有债务融资和一般基金融资。其中，一般基金融资与指定用途的税收融资具有可比性，即是用税收补偿公共品提供成本，还是用非税收入补偿公共品提供成本；而债务融资对应着未来的税收和一般基金融资，与它们不具有可比性。那么，具有可比性的两种财政融资方式，哪种更为可取呢？有研究表明，在不考虑公共产品性质并计算长期的福利水平的前提下，更倾向于选择指定用途的税收融资。相比之下，一般基金融资可能会引起经济的不稳定和波动，其原因是一般基金融资会产生足够大的部门间外部性和战略互补性，从而向经济基本面施加内生性持续、反复的总量经济波动；而指定用途的税收融资只产生很小的特定部门的外部性，不至于引起经济的不确定性，并且有助于经济总量的稳定。[①]

债务融资的规模则取决于政府的偿债能力，当一国政府无

[①] Been-Lon Chen and Shun-Fa Lee, "General Fund Financing, Earmarking, Economic Stabilization, and Welfare", *Public Finance Review*, Vol. 37, No. 5, 2009, pp. 507–538.

力偿还债务时，将不能存续而宣告破产。在实践中，《马斯特里赫特条约》规定债务负担率为60%、赤字率为3%是政府债务规模的警戒线，超过这个警戒线，政府可能会因偿债能力不足而陷入债务危机。在理论上，债务融资满足的条件逐渐被完善，具体如下：一是将财政收入和发行新债的成本费用进行对比，当前者不足以负担后者时，国债发行将不可持续，从而财政也将不可持续。[1] 二是基于跨期预算约束理论，债务融资的约束条件为当期债务余额不高于将来各年财政盈余的贴现值之和。[2] 三是实际债务负担率低于最优债务负担率即表明政府具有可持续的偿债能力。[3] 此外，从政府债务管理的角度看，一个审慎的政府会有意低估未来的国民收入和税基，特别是当对税基的冲击扩大和高税率的情况下，会通过设置较高的税率和较低的公共开支令债务和还本付息随着时间的推移逐渐减少，从而实现预防性缓冲的目的。[4]

从财政安全的角度对财政融资方式进行诠释，可以发现其中的财政安全线索：首先，税收和政府性基金有各自发挥优势的领域，在稳定经济的条件下，应更多使用税收工具。其次，资源约束促使政府以发行债券为基础设施和资本资产融资，但是，债务融资扩大往往面临举债能力的约束。最后，有限的经

---

[1] J. M. Keynes, *A Tract on Monetary Reform*, *The Collected Writings of John Maynard Keynes*, London and Cambridge: Macmillan and Cambridge University Press, 1971, p. 24.

[2] J. D. Hamilton, M. A. Flavin, "On the Limitations of Government Borrowing: A Framework for Empirical Testing", *The American Economic Review*, Vol. 76, No. 4, 1986, pp. 808 – 819.

[3] Evsey D. Domar, "The Burden of Debt and the National Income", *American Economic Review*, No. 34, 1944, pp. 798 – 827.

[4] Frederick van der Ploeg, "Political Economy of Prudent Budgetary Policy", *International Tax and Public Finance*, Vol. 17, No. 3, 2009, pp. 295 – 314.

济资源约束要求政府在各种活动目标中做出权衡取舍,预算平衡还要求政府在各种债务融资项目之间以及相互竞争的计划项目之间做出权衡取舍。

4. 财政分权致力于财政纵向平衡和发挥"两个积极性"

财政职能的充分发挥还有赖于各级财政间的分工配合,从而在财政分权的基础上各司其职,形成相对稳定的政府间财政关系。财政分权理论所探讨的主题是中央政府与地方政府之间财政分工的方式,形成了很多理论观点,其中查尔斯·蒂布特的"以脚投票"理论、乔治·斯蒂格勒的最优分权模式菜单、詹姆斯·布坎南的"俱乐部"理论、华莱士·奥茨的分权定理、理查德·特里西的偏好误识理论以及此后的激励相容与机制设计学说,均围绕着政府职能和财政工具如何在不同政府级次间进行合理配置问题展开。

第一,财政分权基于公共物品成本收益均衡的考虑。如果没有财政分权,那么政府的税收和支出就会脱钩,提供公共物品就无法实现成本收益的均衡。单一层级的政府管理整个国家内部的多个地区并非最优,政府应该分层级为多个地区的居民提供公共物品。[1]

第二,财政分权基于公共资源配置最优化的考虑。一个国家内部不同地区的居民有权通过投票表决或选择居住地点,显示出自己对公共物品的偏好。如果中央政府和地方政府间进行了财政分权,就可以按照居民的偏好提供相应的公共物品,从而能够满足社会福利最大化的条件。[2]

第三,财政分权基于信息不完全的考虑。地方政府比中央

---

[1] J. M. Buchanan, "An Economic Theory of Clubs", *Economic*, Vol. 32, 1965, pp. 1–14.

[2] R. A. Musgrave, *The Theory of Public Finance*, New York: McGraw-Hill, 1959.

政府更接近地区的居民，更了解居民的偏好和需求，中央政府和地方政府基于财政分权分别提供相应的公共物品，是避免不确定性、消除信息问题的可取之法。[1]

第四，财政分权基于鼓励创新的考虑。通过财政分权，中央政府赋予地方政府某些公共服务职能，对于某一种产品或服务而言实践的机会就多了，更有可能出现新的创意、新的办法，相比由中央政府单独提供有着更多的创新机会。

第五，财政分权基于路径依赖的考虑。历史上，因为生产力落后，通信和交通不便，幅员辽阔的国家受限于政府的管理半径，往往不得不设置多个层级的政府。与之对应，当时市场交易并不发达，政府的治理理念强调大小事务均由政府处理，这就要求政府清晰地划分权责，设置部门。

第六，财政分权基于理顺政府间财政关系的考虑。科学合理地进行财政分权，是保障政府公共职能的有效发挥和实现政府间关系规范化的逻辑前提。这样，地方政府才会对地方经济负责，各级政府都面对着硬预算约束。同时，产品和要素可以自由流动，地区之间的竞争将对地方政府形成强有力的激励。[2]

第七，财政分权还需遵循一定的原则。财政分权原则作为各级政府间财政权责划分的基本遵循，例如，较具代表性的"三原则"论，由受益原则、行动原则、技术原则构成。当然，在实践中，财政分权原则还根据各国现实情况进行具体化或者扩展。此外，财政职能在中央政府和地方政府间最优划分问题也受到关注，并最终形成一致性判断：经济稳定与发展职能和收入分配职能应由中央政府承担，资源配置职能则应由地方财

---

[1] G. J. Stigler, "Perfect Competition, Historically Contemplated", *Journal of Political Economy*, Vol. 65, No. 1, 1957, pp. 1 – 17.

[2] Y. Y. Qian, G. Roland, "Federalism and the Soft Budget Constraint", *American Economic Review*, Vol. 88, No. 5, 1998, pp. 1143 – 1162.

政承担。

　　财政分权要求每级政府的权责对等，财权、事权和支出责任相匹配。这与财政安全密切相关，可从中归纳三方面的财政安全线索：第一，财政分权影响财政运行。科学合理的财政分权是财政有效运行的基础，可以实现财政收支的科学规范、财政赤字和债务的合理适度，能够有效规避或缓解财政收支不平衡、赤字规模过大或者偿债能力下降等威胁财政安全的问题。第二，财政分权影响财政纵向平衡。科学合理的财政分权有助于在政府间建立顺畅的财政关系，即各级财政缺口均处于合理范围内，地方有能力获得稳定财源，有能力优化支出结构，有效控制土地财政和地方政府债务引致的财政风险，中央政府有能力进行宏观调控和统筹国家治理。第三，财政分权包括转移支付工具的高效利用。确立转移支付的合理规模和结构，选择合适的转移支付类型、对象、力度及目标，发挥转移支付对中央政府、地方政府"两个积极性"的促进作用，尽可能降低其对效率的不利影响。

二 中国财政理论演进与财政安全

财政是现代经济的重要组成部分，在当前错综复杂的世界经济形势下，财政前行的道路上充满了挑战，财政安全的理论创新就变得异常重要。尽管西方公共财政的理念、规则、制度较为成熟，可以从中归纳总结财政安全的概念、特征、内容等要素，但仍不能照搬，其根本原因是所根植的土壤不同。西方公共财政理论所根植的土壤是资本主义市场经济，而中国是社会主义市场经济国家，与西方市场经济国家有很大的差别，西方的财政模式和理论在中国都或多或少地存在"水土不服"的情况，关于财政安全的理论也是一样。因此，在中国进行财政安全理论研究，首先要立足于中国改革开放的基本国情和中国本土的财政理论成果，在此基础上，汲取中西方所有关于财政安全的理念、规则和制度建设经验为我所用。回顾中国财政理论的成长历程，无论是在早期的、零散的财政思想和观点中，还是在经过系统发展的财政理论中，均能够发现并总结出财政安全的线索。

（一）中国早期财政理论演进过程中的财政安全思想

财政学与经济学、政治学、历史学、统计学、社会学、伦理学的关系密切，从古至今，中国学者在认识和探索财政发展的基本规律的道路上从未停歇。尤其是在西方财政理论引入中国后,财政研究便有了参照系,财政理论发展迅速,其中不乏关于财政安全的思想。

中国早期系统地对财政进行研究的有陈启修、张澄志、李权、姚庆三等,收支适合论、地方财政论、财务行政(秩序)论等基础性财政学理论随之创立,且每个理论都在财政安全方面有一条主线。其中,收支适合论包含了财政安全对于平衡财政收支和控制债务风险的要求,地方财政论包含了财政安全对于保障地方财政运行安全和央地财政关系顺畅的要求,财务行政(秩序)论包含了财政安全对财政预算、税收征管等管理方面的要求。这些线索的源头是经济安全,因为经济决定财政,财政安全便源于国民经济的安全。这一认识也体现在上述理论中,例如,张澄志认为国家财力之消长,恒视国民之富力为消长,未有国民经济不发达而国家财政能扩充者。①

在战争时期,供给制财政思想成为主流。1942 年毛泽东在《经济问题与财政问题》中,基于当时的现实情况,对财政提出了基本要求,即发展经济、保障供给。与此同时,也没有忽视财政安全,指出既要保证财政供给,又要防止过重的财政负担而伤民,争取而不能依赖外援。其中暗含的便是在筹集财政收入过程中的安全线索。而在支出方面,强调精兵简政、厉行节约、讲求效益,暗含着财政资金使用过程中财政安全的线索。②

在理论界的不断耕耘下,立足中国基本国情、具有中国特色的社会主义财政理论最终形成。而在此过程中,无论是零散的财政思想,还是系统的财政理论中,都可以发现财政安全的

---

① 张澄志:《财政学概论》,启智书局 1929 年版,第 19 页。
② 毛泽东:《经济问题与财政问题》,东北书店 1949 年版,第 1—4 页。

线索。将这些财政线索在理论框架下进行梳理，完整系统的中国财政安全理论框架即将呈现。

（二）中国传统财政理论中的财政安全线索

在中华人民共和国成立初期，包括财政工作在内的各方面工作都面临全新的环境，包括财政体制在内的各种体制机制都迫切需要建立健全，而创新实践必然需要理论依据。因此，构建适应新环境、新制度的理论就变得突出重要。在各方资源有限的现实条件下，构建适合新中国国情的财政理论尤为迫切。当然，最初的尝试还是从引进和模仿开始，与此前的引进和模仿不同，此轮的引进和模仿是在马克思主义的指导下，坚持运用唯物辩证法，锁定苏联财政理论。其中，在中国产生较长时间影响的苏联财政理论是货币关系论。

然而，由于货币关系论本身存在诸多问题，当中苏关系走过"蜜月期"之后，其笼罩的政治光环便消失不见，其主流地位也必然逃不过被取代的命运。此后，中国财政学界不断探索社会主义财政理论，形成了国家分配论、社会共同需要论、剩余产品论、价值分配论、国家资金运动论、社会再生产决定论等一系列理论，这些理论的形成基于对社会主义财政本质认识的差异。其中，国家分配论认为，财政是以国家为主体，以满足国家职能的需要为目的，主要利用价值形式强制地、无偿地参与一部分社会产品或国民收入的分配；社会共同需要论认为，财政是社会再生产过程中为满足社会共同需要而形成的社会集中化的分配关系；剩余产品论认为，财政是社会公共组织或国家对剩余产品进行分配；价值分配论认为价值分配反映财政分配的本质特征，即财政是以价值形式进行的社会产品和国民收入的分配关系；国家资金运动论认为，财政是国家资金运动所形成的经济关系；社会再生产决定论认为，财政是社会再生产过程中不可或缺的重要环节，对财政的本质的把握需重视财政与社会再生产过程的内在联系。

在上述理论中，对中国最有影响的是货币关系论、国家分配论和社会共同需要论，我们也将重点从这三个中国传统财政理论中探寻财政安全的理论线索。

1. 财政与货币的天然联系不可忽视

货币关系论产生于20世纪50年代，它是根植于苏联、研究财政本质的理论，其代表人物是 B. П. 吉雅琴科、A. M. 亚历山大洛夫。货币关系论是从财政与货币之间不可分割的关系来认识财政本质的理论，认为财政不能脱离货币关系而独立存在，并且其本身就是一种货币关系体系。既体现在价值上，也体现在职能上。财政与货币的这种天然联系决定着形成、分配和使用财政资源的方式，也作用于社会产品再生产过程中人与人之间的社会关系。由于当时苏联经验对中国社会主义建设理论和实践均具有较大影响力，在中国本土的财政理论尚未形成的时候，从苏联引进的货币关系论在中国一度占据财政理论的主流地位。

当中苏的"蜜月期"走到尽头的时候，来自政治上的压力也逐渐减弱，中国学者开始独立地分析财政问题，并对苏联的财政理论提出强有力的质疑。首先，货币是经济关系中的价值形式，并不是财政所独有的，把财政本质看成是货币关系，容易将财政职能无限扩大，成为无所不包的"大财政"，从而模糊了财政与其他经济活动、经济现象的界限；其次，在财政分配过程中，存在着非货币形式分配的可能性和现实性，所以理论视野不能仅局限于货币形式的财政分配；最后，在货币产生之前的社会形态中财政已经出现，所以不能用货币关系论来解释和分析各个社会形态的财政问题，而真正体现财政本质的理论应该适合于每一个存在财政的社会形态。

由此可见，货币关系论本身具有局限性，有诸多不能被其解释的空白地带，但从财政安全的立场出发，它却提供了一个不可或缺的线索，即现代财政与货币之间存在着天然的联系，维护财政安全必须考虑货币因素。

2. 以履行国家职能为宗旨确立财政平衡原则和双重结构财政

由于一系列有力的批判，货币关系论在中国的根基慢慢动摇，直至最终被否定。国家分配论在实践中逐步取代了货币关系论而成为当时中国财政学主流。国家分配论产生于20世纪50年代初，经历了一个从弱到强的发展过程。最初国家分配论发现了财政与国家之间存在本质联系，但这并未受到重视，到了50年代末60年代初，国家分配论进一步论证了财政与国家的联系本质是一种分配关系，其影响力逐渐扩大。当货币关系论被彻底否定后，国家分配论的主流地位开始明朗。

国家分配论以马克思主义的国家观为理论基础，强调在财政分配关系中国家主体的重要性，认为财政是阶级社会的产物，其产生、发展、消亡取决于国家的产生、发展、消亡，财政的性质取决于国家的性质。财政与国家之间紧密依托、相辅相成，一方面财政分配凭借着国家政治权力进行，另一方面国家的存续也要依靠财政参与社会产品的分配。也就是说，国家并不可以凭主观意志随意进行财政分配，财政分配不能脱离一定历史条件下的生产关系，由社会生产方式所决定。上述判断是国家分配论分析财政具体问题的前提条件，在此基础上，国家分配论通过确立财政平衡原则来化解财政收支矛盾，通过确立财政的双重结构来理顺国家社会行政管理职能和国有资产管理职能的关系，都体现了对财政安全的维护。

其一，国家分配论认识到财政平衡的重要性。这是因为，在社会发展过程中财政支出的刚性与财政收入的有限性始终是一对矛盾，其根源在于社会发展过程中公共产品的无限需求与有限供给的矛盾，如果不加以化解，将导致国家在宏观经济调控中陷入被动的局面，或者陷入巨额赤字和债务危机中。因此，需确立财政平衡原则，调和财政收支矛盾达到国家可承受的限度内为止。最初，国家分配论主张"以收定支"，目的是通过年度财政平衡约束财政支出无限度扩张危害财政安全。随着市场经济的进一步发展，财政赤字和政府债务被接受并成为常态，"以收定支"不得不转变为"以收定支"为主、"以支定收"为辅，即突破了年度财政平衡的限制，承认动态平衡的合理性。当然，财政平衡的条件变得宽松，但财政平衡仍是不变的宗旨，为财政安全筑牢防护网。

其二，国家分配论发现了社会主义财政的特殊性，并通过建立双重结构的财政预算管理体制来优化国有资产管理。原因是在社会主义公有制的基本经济制度下，国家享有两种权力、身兼双重身份——政权行使者和国有资产管理者，并通过税收和国有资本收益两种形式，分别履行社会行政管理职能和国有资产管理职能。二者相对独立而不能混为一谈，需要建立一般性的财政预算和国有资本预算来实现二者的分离。

由此，可以将国家分配论中的财政安全线索进行三方面归纳：一是国家产生、发展、消亡等各方面都会影响财政安全，通过财政分配活动保障国家职能的全面实现，财政安全也将得到较好的维护。二是财政收支矛盾是财政安全的隐患，排除隐患需以财政平衡加以约束。现代财政无须再追求绝对的年度平衡，而是以跨年度的动态平衡为目标，在中期财政规划下实现中期财政平衡，从而既能保证财政安全又能充分履行财政职能。三是把握社会主义财政的双重结构特征，分别建立一般性的财政预算与国有资本预算，从而排除两类预算混列、国有资产收益和支出分散管理带来的财政安全隐患。

3. 围绕社会共同需要规范财政分配主客体之间的关系

社会共同需要论产生于 20 世纪 70 年代末 80 年代初，因其对财政本质的认识超越了国家主体，一度冲击了国家分配论的主流地位。

首先，社会共同需要论将财政的本质从以国家为主体的分配关系扩展为社会集中化的分配关系，这种分配关系是在社会再生产过程中为满足社会共同需要而形成的。据此认识到社会共同需要不是以人的主观意志为转移的，它的性质和内容都是由生产决定的，有什么样的生产就有什么样的需要，那么由社会共同需要所决定的财政分配关系也要服从于社会生产和再生产。

其次，社会共同需要论认为社会共同需要是财政产生和存在的本源，大大拓展了财政研究的客观内容，即以满足社会共同需要为目的的分配都属于财政范围。从而可以得出的结论是社会共同需要广泛存在于人类各种社会形态中，既存在于国家出现前的原始社会，决定着原始氏族社会财政（后期是农村公社财政）的产生和发展，也存在于国家出现后的奴隶制社会、封建制社会、资本主义社会和社会主义社会，决定着阶级社会财政和社会主义财政的产生和发展。

再次，社会共同需要论基于上述观点进一步推论财政分配的主体并非只有国家，凡代表社会主导分配者均是财政分配主体。随着生产力、生产方式、社会性质的发展与变化，财政分配的主体也会有所不同。在国家出现后财政分配的主体才是国家，而国家履行职能的需要也自然处于社会共同需要的范畴中。

最后，社会共同需要论在研究方法上从侧重于财政的"质"同时向关注财政的"量"拓展，实现"质"与"量"的综合分析，即在确定财政本质的基础上，对财政所涉及的客观数量关系、财政职能和效果均进行了深入的阐释。

在上述理论框架下，社会共同需要论中有很多体现财政安全的理论观点，具体可归纳为五个方面：一是财政收入与支出是财政分配的同一过程，所分配的资财量是同一的，财政收入在总量上制约着财政支出。二是财政除了要履行市场经济下以资源配置、收入分配、经济稳定为内容的一般性职能，还要履行维护社会主义市场经济下以社会主义公有制主体地位、促进全体人民逐步走向共同富裕、逐步消除城乡差别和地区差别为内容的特殊性职能。三是根据国有资产在社会再生产中的地位、作用和特征，将其分为经营性资产、公用性资产和资源性资产三类，应对它们分别实施市场化管理、财政预算管理和行政计划管理等不同的管理方式，原因是它们分别具有运动性和营利性、社会共同需要性、稀缺性和自然垄断性。四是规范国家与国有企业的关系，明确企业财务和国家财政的界限。社会主义国家与国有企业之间存在双重关系：第一重是社会共同需要的组织方和需求方之间的关系，第二重是生产资料的所有者代表与经营者之间的关系。在双重关系下，国有企业需履行双重义务：第一重是为自身社会共同需要的满足而纳税或付费，第二重是为自身获利而向代表所有者的国家上缴经营红利。规范双重关系和履行双重义务无须构建双重结构财政，而是在财政之外成立专门机构实现第二重关系和义务，由专门机构行使国企注资、享受国企分红、监督国企经营状况等所有者的权力，履行国有资产管理职责。与此同时，第一重关系和义务则在财政框架内实现，对待国有企业与一般市场主体一视同仁，它们在享受公共产品和服务的同时贡献财政收入。五是社会共同需要论注重财政关系量的研究，具体地、动态地对财政收支规模和结构的客观数量界限做出判断，对国家与国有企业、集体、个人之间财政分配的数量关系以及中央与地方财政集中与分散的数量关系进行论述，在此基础上进行财政效果的评价，根据评价结果在财政与经济的关系、财政在社会再生产中的地位与作用等方面发现问题并提出解决问题的方案。

从中可以发现的财政安全线索：一是满足社会共同需要是维护财政安全的基础，而脱离了社会共同需要，财政安全就会受到威胁。二是只有较好履行财政的一般职能和当前经济社会发展要求的个性化职能,财政本身才能安全,并且有能力维护经济社会发展的安全。三是采用不同的管理体制模式管理公共资金、公共资产和公共资源,是在财政管理层面上对财政安全的维护。四是对国有企业进行征税和利润征缴要谨慎,既要让国有企业尽可能地履行其双重义务,又不能损害其生产经营的积极性。五是从质和量两方面把握财政安全,既要明确客观存在的财政收支总量和结构的数量界限,关注财政赤字对于财政安全的潜在威胁,又要注重财政绩效评价,保证财政对社会公共资源配置体现以人为本、全面、协调、可持续发展要求。

(三) 中国公共财政理论体系中的财政安全线索

在1992年邓小平同志南方谈话正式提出建立社会主义市场经济体制之后,中国财政学界开始注重对源于西方的"公共财政论"的认识与辨析,并开始探索究竟是国家分配论更适应社会主义市场经济体制,还是公共财政论更适应。由于经济体制的转变决定着财政模式的转变,中国最终决定要深化财政体制改革,加快建立公共财政体系,并在2000年的全国财政工作会议上明确了这一改革方向。当然,中国要建立的公共财政体系与西方财政理论下的公共财政有着根本不同,它是根植于社会主义市场经济体制改革与发展的土壤中,立足于中国国情的基础上充分吸收西方财政学理论精华,不断进行理论创新并在实践中不断发展完善的财政体系。事实证明,公共财政体系在中国得到了全方位的发展完善,为现代财政制度的建立打下了牢固的根基,而在此过程中,财政安全的内在要求贯彻始终,可以从中国公共财政理论发展的不同视角、不同内容进行探寻。

1. 公共财政理论体系对财政安全的内在要求

公共财政理论体系的建立首先要理顺公共财政与市场失灵、

公共需要的关系,然后要明确社会主义市场经济下公共财政的属性,最后要正确看待财政活动的现实环境约束和相关影响因素。在此基础上明确公共财政体系对财政安全的内在要求,涉及公共财政活动范围、目标、规范、职能等多个方面。

第一,以市场失灵范围划定财政活动范围,以公共需要明确财政活动目标。

中国学者在对社会主义市场经济下公共财政理论的不断探索和完善的过程中,建立起公共财政与市场经济之间的关系。一是公共财政的实质是市场经济财政,市场经济产生和发展了公共财政,并决定了公共财政的属性,公共财政是市场经济运行的必然结果。二是市场失灵决定着公共财政存在的必要性及其职能范围。在现代市场经济当中,市场对社会资源起基础性配置作用,但存在市场自身缺陷造成的市场调节失灵情况,公共财政应致力于通过提供相应的公共产品和服务来弥补市场失灵。三是公共财政发挥着优化市场和政府之间的关系的作用。在社会主义市场经济下,市场与政府分工明确,市场为社会提供私人产品,解决生产什么、如何生产和为谁生产的问题;政府通过公共财政为社会提供公共产品,致力于解决市场失灵问题。市场和政府相互配合、相互补充,共同促进国民经济的发展,其中公共财政的存在有助于为社会资源配置提高效率、增进公平,这是社会主义市场经济条件下实行公共财政的客观基础和必然选择。其中的财政安全线索体现在:市场失灵的领域决定公共财政活动的范围,二者的不匹配将导致政府行使职能缺位、越位或不到位,这些均是财政安全的隐患。

此外,以公共需要来认识公共财政的本质。在 21 世纪初,中国财政学者纷纷尝试回答公共财政"是什么"的问题,尽管角度不同,但出发点和落脚点一致为公共需要。从出发点来看,公共财政产生于公共需要的出现;从落脚点来看,公共财政的根本目标是最大限度地满足公共需要。具体有如下认识:一是公共财政是为满足社会公共需要而进行的政府财政收支活动模式,① 或财政运行机制模式。② 二是公共财政是以社会权力中心代表公众利益、为满足社会公共需要而发生的理财活动,属于社会再生产分配环节上的公共分配。③ 那么究竟什么是公共需要呢？有研究表明,社会公共需要是社会作为一个整体或以整个社会为单位而提出的需要,因其具有非排他性和非竞争性的性质,而与一般的个人需要或某些局部的社会群体需要相区别。④ 根据这一认定,弥补市场失灵也属于公共需要的范畴。其中的财政安全线索体现在：公共需要的满足程度决定着财政安全程度,公共需要不被充分满足的主要原因是存在着政府失灵,政府失灵让财政安全受到威胁。

第二,公共性是公共财政的基本属性,也是财政活动要满足的基本要求。

认识事物需要抓住特征,要对公共财政获得深入的认识,也需要把握其特征,中国学者也从不同角度总结公共财政的基本特征。一是从学理上界定公共财政的基本特征体现为"三性",其中,公共性对接财政职能,即满足整个社会的公共需要；非营利性对接财政收支安排,将公共利益最大化作为财政收支的出发点和落脚点；规范性对接财政收支活动和行为,通过依法理财来加以规范。⑤ 二是从应用的角度界定公共财政的基本特征：以公共性的内在导向统领公共财政具体工作,其中,

---

① 高培勇：《公共财政：经济学界如是说》,经济科学出版社 2000 年版。

② 刘溶沧：《谈谈公共财政问题》,《求是》2001 年第 12 期。

③ 贾康、叶青：《否定之否定：人类社会公共财政发展的历史轨迹》,《财政研究》2002 年第 8 期。

④ 刘溶沧：《谈谈公共财政问题》,《求是》2001 年第 12 期。

⑤ 高培勇：《公共财政：概念界说与演变脉络——兼论中国财政改革 30 年的基本轨迹》,《经济研究》2008 年第 12 期。

将财政分配的主要目标和工作重心放在满足社会公共需要上；将"以财行政"的基本方式定位为提供公共产品和服务；将公共财政决策机制落脚到以公民权利平等、政治权力制衡为前提的规范的公共选择上；将公共财政的基本管理制度落脚到现代意义的具有公开性、透明度、完整性、事前确定、严格执行等特征的预算管理体制上。① 其中的财政安全线索体现在：公共财政的特征也是对公共财政活动的规范性要求，公共财政收入、支出、管理、体制均需符合公共性的基本属性，其中，公共财政收入取得凭借"公共权力"，公共财政支出用于"公共领域"，财政管理决策遵循"公共选择"原则和程序，偏离了这些规范性要求或属性特征，财政安全将无从谈起。

第三，市场发育成熟度赋予公共财政个性化特征。

社会主义市场经济是社会主义制度与市场经济机制相结合的经济体制。具有市场经济的一般特征，强调市场在国家宏观调控下对资源配置的决定性作用，又不完全等同于一般意义上的市场经济，主要体现在以公有制经济为主体、多种所有制经济共同发展的基本经济制度和按劳分配为主体、多种分配方式并存的基本分配制度上。在这样的经济制度下，公共财政该如何？

对此，学者们进行了探索并形成如下观点：一是中国的公共财政既有别于生产建设型财政，又有别于西方公共财政。中国公共财政不同于过去生产建设型财政的主要特征是逐渐退出竞争性领域，突出公共性。通过提供公共产品和服务来满足社会公共需求和弥补市场失灵，进而促进经济增长，维护社会公平。中国公共财政不同于西方公共财政的主要特征是公共财政活动范围较大。不可否认，社会主义初级阶段仍是中国基本国情，不仅经济发展水平和生产力发展水平低于发达市场经济国

---

① 贾康：《对公共财政的基本认识》，《税务研究》2008 年第 2 期。

家，而且市场发育程度相对较低，市场调节功能尚不健全，政府干预的领域和程度均需高于发达市场经济国家，由此决定了中国公共财政的经济性职能较大，对竞争性领域的退出只能是渐进性的。①

二是与国有经济之间的关系体现着中国公共财政的特殊性。中国的社会主义市场经济制度决定了政府既是社会管理者又是国有经济的所有者，公共财政作为政府宏观调控的主要工具，需承担引导国民经济的发展方向、为国民经济健康稳定发展保驾护航的职责。公共财政发挥宏观调控作用时必然要作用于国民经济的主体——国有经济，既要引导国有经济的发展方向，也要为国有经济健康稳定发展保驾护航，这与公共财政的基本属性"公共性"并不矛盾。当然，公共财政在作用于国有经济的过程中，其出发点和落脚点均在于满足社会公共需求，而不是追求企业盈利。②

其中的财政安全线索体现在：在社会主义市场经济条件下，财政活动要坚持公有制为主体、多种所有制经济共同发展的社会主义基本经济制度，处理好财政与国有经济的关系，致力于解放生产力、发展生产力，满足人民日益增长的美好生活需要。在此基础上，立足于经济发展阶段和市场发育成熟程度，把握公共财政对市场的干预程度和对经济建设的参与程度，配合国家的产业发展战略，投资于有明显正外部效益和长远社会利益的领域，对国有企业和其他市场主体发挥社会主义市场经济体制要求的引导和示范作用，赋予市场生机和活力。

第四，公共财政收支的对比关系决定着财政安全。

随着构建公共财政体系的目标在中国确立，财政收支的对

---

① 董雪梅：《公共财政：我国市场经济财政的必然选择》，《华南理工大学学报》（社会科学版）2002 年第 4 期。

② 王宁：《论社会主义市场经济下公共财政的基本特征》，《四川财政》2002 年第 10 期。

比关系必然发生变化，一个最基本的判断：由"取自家之财"到"取众人之财"，由"办自家之事"到"办众人之事"①。而在构建公共财政体系的过程中，首先就要直面反映在财政收支上的问题，归纳起来主要是预算、公共收入体系、公共支出结构、债务管理等方面。

在预算方面，实现全部财政收支的统筹安排和管理。公共财政作为目标模式之初，中国还未实现全口径预算，有很大一部分财政收支游离在预算管理之外。预算外资金的存在是一项巨大的财政安全隐患，难以规范财政行为，进而难以保证各项财政职能的实现。问题的焦点一度集中于非税收入的管理上，探索了费改税、收支两条线、政府收支分类改革等渠道，规范非税收入，最终将所有政府性收入分别纳入一般公共预算、政府性基金预算、国有资本经营预算、社会保险基金预算，实现全口径预算管理。

在公共收入体系方面，在通过深化预算制度改革形成科学合理的税收和非税收结构后，针对税制存在的一系列问题，在分税制改革框架下深化税制改革。包括企业所得税两税合并、取消农业税、营业税改征增值税、增值税和个人所得税的系列改革以及印花税、资源税、出口退税等各税种的改革，通过改革优化了税收总量和结构，提升了税收质量。税制改革也为中国确定公共财政收入的规模、规范公共财政收入方式、优化公共财政收入结构奠定了基础，进而推动公共收入体系加速完善。随着经济发展进入新常态，财政收入增长速度放缓，收入质量下滑，而财政收入质量体现在两个方面：收入规模与经济发展水平相适应程度、收入来源的稳定性以及收入的真实性，须以

---

① 高培勇：《公共财政并非仅是"定语"的调整》，《中国改革》2003年第4期。

此为抓手提升财政收入质量。①

在公共支出结构方面，在公共支出按职能分类下，公共支出结构与公共财政职能形成良性互动关系。理论上公共支出按职能有两种分类方法，一是根据支出具体方向分为公共安全支出、公共机构支出、公共事业支出、公共福利支出、公共工程支出、公共企业支出等；② 二是根据支出具体功能分为经济建设支出、社会文教支出、行政管理支出、社会福利和社会保障支出等。由此可见，公共财政履行职能需依靠公共支出实现，公共支出结构体现着财政职能结构，从而公共支出结构可根据公共财政职能调整而不断优化，公共财政职能可通过公共支出结构优化加速调整。在向社会主义市场经济转型的过程中，政府职能和财政职能的边界呈现渐进式调整，在此过程中不免出现财政职能越位、缺位和不到位等问题，可以借助公共支出结构优化加以解决。例如，针对市场化过程中中国消费与投资增长不协调问题，可以通过提高教育、卫生、就业、社会保障等财政民生性支出的比重来促进消费的扩大；要积极推进创新驱动发展战略，可以提高财政教育、科技支出的比重；要乡村振兴，可以通过提高财政"三农"支出的比重；要在地区间实现均衡、充分的发展，可以调节财政区域支出的结构。

在政府债务管理方面，中国政府债务规模不断扩大，已成为保证公共财政收支平衡和实施财政调控的重要工具，但政府债务风险不断加大，威胁到财政安全。而在此方面保障财政安全的条件是政府有能力偿还债务，即财政有偿债能力。偿债能力与债务规模直接相关，与财政收支结构间接相关，政府债务规模适当、财政收支结构合理并能够促进经济可持续增长，财

---

① 董敬怡：《加强财政收入质量管理　促进财政收入健康可持续增长》，《财政科学》2017年第8期。
② 杨灿明：《推进公共财政支出改革的几点建议》，《财政研究》2001年第9期。

政安全就能得到保障。① 在理论上，最初用于衡量偿债能力的指标是最优债务负担率，只要它高于实际债务负担率，即表明政府具有可持续的偿债能力。此后，有学者从赤字的角度提出衡量指标——建立在政府净值基础上的最优财政赤字水平，只要它高于实际赤字水平，财政便安全。② 在标准上，《马斯特里赫特条约》确定债务负担率和赤字率的"指导线"分别为60%和3%，就是综合运用上述方法和欧洲国家历史数据，并经过政治博弈后被各国广泛遵从。

综合来看，公共财政安全隐患体现在：财政收入比例过低，财政支出结构及管理不合理，税制运行不完善，财政赤字压力沉重，信用风险增加等方面。相关研究发现：一是财政赤字的可持续性受经济增长、通货膨胀、国债利率、汇率利息支付、铸币税等变量影响。二是以跨时预算约束模型为基础，证明了财政收入与财政支出之间存在协整关系是财政运行可持续的充分必要条件，财政运行可持续表明财政运行一定是安全的。③ 三是中国财政收支存在非对称驱动关系——支出驱动收入，即在应对危机冲击过程中所产生的临时性财政支出，将导致未来税赋的持久性增长，而财政收支的自我修正机制赋予中国财政赤字具有长期可持续性。④ 四是随着经济步入新常态的轨道，财政收支关系与赤字的可持续性问题成为亟须研究的重大课题。经济新常态下，中国财政收支矛盾不断凸显，财政收入增速趋缓，

---

① 邓晓兰、黄显林、张旭涛：《公共债务、财政可持续性与经济增长》，《财贸研究》2013年第4期。

② Willem H. Buiter, "Guide to Public Sector Debts and Deficits", *Economic Policy: A European Forum*, Vol. 1, November, 1985, pp. 13 - 79.

③ 吴晓文、孙长清：《辽宁省财政运行可持续性协整分析》，《地方财政研究》2010年第12期。

④ 杨子晖、赵永亮、汪林：《财政收支关系与赤字的可持续性——基于门槛非对称性的实证研究》，《中国社会科学》2016年第2期。

财政支出却存在膨胀趋势，未来中国财政收支缺口将越来越大，需要通过引入中长期预算、提高财政资金配置效率与支出绩效来控制。① 五是中国地方财政收支存在长期均衡关系，中央转移支付与地方财政缺口存在长期稳定关系，地方财政支出存在刚性增长的"棘轮效应"，且政府债务存在惯性增长趋势，在此状态下，地方财政对土地存在高度依赖性，且地方政府债务风险具有向中央政府转移的可能，需优化地方举债融资体制，构建以房地产税为主的地方税体系，同时加强财政和货币政策协调。② 此外，中国地方财政收支关系普遍受到分税制改革的影响，但这种影响存在较大的地区差异，所以需要采取差异化的促进财政可持续发展的策略，而不能"一刀切"。③

在统筹考虑公共财政收支与赤字、政府债务间对比关系的过程中，财政安全线索逐渐清晰：一是把握财政收支的合理规模。财政收支的规模反映了政府介入经济生活和社会生活的广度和深度，也反映着公共财政在社会经济中的地位和作用，对实现政府职能和国家宏观调控目标至关重要。二是不断优化财政收支结构，防止出现财政"越位""缺位"等情况。包括税收收入与非税收入结构、各税种的结构和比例、中央收入与地方收入的结构关系以及各项职能支出、区域支出的结构关系。三是所有政府财政性收支均纳入财政预算管理，且由财政部门统管，并且把握财政收入与支出之间的数量关系，在收支过程中也需要把握规范性，防止出现非规范的财政收支。四是在地方政府性债务收支、财政赤字规模、支出结构、支出绩效、政

---

① 马骏：《中国公共预算面临的最大挑战：财政可持续》，《国家行政学院学报》2013 年第 5 期。

② 孙超：《地方政府财政可持续吗？——基于财政收支 VAR 模型和 Ponzi 偿债策略的分析》，《公共财政研究》2019 年第 3 期。

③ 金春雨、王伟强：《我国地方政府财政政策的可持续性研究》，《当代经济研究》2018 年第 7 期。

府采购等重点环节，注意防范风险。

2. 公共财政实践面临的内生风险与外生风险

在理论上，财政风险是内生因素或外生因素对财政系统产生损害的"可能性"或"不确定性"，[1] 可从风险来源将公共财政风险划分为内生风险和外生风险。实践证明，公共财政面临着各种各样的风险，既包括来自国内各领域向公共财政传导的风险，也包括公共财政自身在总量、结构、增速、质量等方面存在的问题引发的风险，还包括国外经济风险通过财政工具向公共财政传导的风险。风险和安全是一对反义词。因此，无论公共财政面临哪种风险，都是损害财政安全的，尤其是财政具有和经济社会的各领域都直接相关的特质，各领域风险都可能转化为财政风险，都可能威胁到财政安全。

第一，以问题为导向防范公共财政内生风险。

中国学者曾对由计划经济向市场经济转变过程中的公共财政风险进行系统研究，认为在这一时期公共财政风险程度较高，兼具市场性与政府性，要防范和化解风险需要市场和政府协同发力。当然，不同类型的风险需要以不同的方法应对，经研究发现，中国公共财政风险兼具一般性和特殊性，既存在世界各国面临的共同风险，也存在具有中国特色的财政风险，具体来自十个方面：中国财政的反周期调节政策、分税制的财政体制、"费"收入、财政支出、政府债务、财政赤字、国企财务、国有资产管理、财政投融资、社会保障制度。[2]

事实上，在市场化过程中，中国公共财政发展面临着各种各样的问题，问题背后就是风险。因此，以问题为导向是发现

---

[1] 张学诞、李娜：《减税降费与财政可持续性：一个分析矩阵》，《财政科学》2019 年第 10 期。

[2] 王美涵主编：《中国财政风险实证研究》，中国财政经济出版社 1999 年版。

公共财政的内生风险最便捷的方法。对其可作如下归纳：一是财政体制层面存在的问题及风险。中国通过分税制改革建立的财政体制具有不彻底性和过渡性，旧体制的路径依赖产生一系列问题，形成财政体制风险。具体表现在财力上移、事权下移，财权事权不匹配、不适应，加之中国政府层级过多，财政资金在政府间分配缺乏一致规则和标准，地方税收体系不健全，财政转移支付制度不规范、结构不合理，导致基层财政陷入困境，区域间财政能力差距扩大，加剧了区域间发展的不平衡和城乡发展不平衡，而防范和化解财政体制风险的关键在于制度创新。

二是财政政策层面存在的问题及风险。中国积极财政政策自始至终都是以发行国债和扩大财政支出为主要手段。尽管随着大规模减税降费为积极财政政策注入更多内容，但国债发行和财政支出规模仍然在加速扩大，从而积累了较大的财政政策风险，并衍生出财政支出风险和政府债务风险。为此，很多研究集中于财政风险预警和财政风险程度判断，涉及一系列指标，包括国债负担率（国债余额占 GDP 的比重）、财政赤字率（财政赤字占 GDP 的比重）、居民应债能力（当年国债余额/居民储蓄存款）、国债偿还率（当年国债还本付息额/当年财政收入）、中央债务依存度（当年债务收入/中央财政总支出）等。[1] 有研究表明，当财政处于以下状态时具有一定财政风险：政府债务增长率低于经济增长率，政府能够维持偿付能力，但是未贴现的债务序列在长期内是发散的。当财政风险积累到一定程度，政府将失去偿债能力。[2] 因此，除了建立风险预警体系来监测风险指标外，还需采取相应的风险管理举措，包括完善财政投融

---

[1] 邓子基：《财政平衡观与积极财政政策的可持续性》，《当代财经》2011 年第 11 期。

[2] 杨宇、沈坤荣：《中国财政可持续性与政府最优融资策略——基于 1978—2009 年数据的实证分析》，《制度经济学研究》2011 年第 1 期。

资制度、加强国债和地方债管理以及财政政策方向、力度、手段的调整。另外，还需要注重财政政策与货币政策等其他经济政策的协调配合。

三是财政职能层面存在的问题及风险。中国公共财政体系构建的过程内嵌于市场化改革的过程中，而市场化改革的过程在一定意义上就是政府职能转换的过程。政府职能转换需要财政职能随之转换，一环套一环，其中任何一个环节存在问题，都可能形成财政风险。而在实践中，财政职能转换和政府职能转换、政府职能转换和市场化改革并不是完全同步，总有滞后性，因此财政职能层面的财政风险也一直存在。例如，在市场化改革初期，计划经济体制政府直接配置资源的传统导致财政经济建设职能较强，而提供基本公共服务的职能较弱，不但不能促进经济社会的发展，反而成为经济社会发展的瓶颈制约。再如，分税制改革提高"两个比重"旨在强化市场经济下财政的宏观调控职能，但以1993年为基数并按比例递增的税收返还制度设计又在一定程度上固化了既得利益格局，为改革成效打了折扣，强化财政宏观调控职能的目标也受到折损，实现程度有限。由于对建立规范的转移支付制度也造成了影响，进而影响到地方财政职能的实现。

此外，财政职能层面存在的问题及风险会传导至以财政收支为载体的财政运行层面。其传导机理：财政职能主要通过财政支出履行，财政职能风险会传导或转化为财政支出风险，财政支出所需资金又来源于税收、非税收入和债务，从而财政支出风险又能够传导或转化为财政收入风险，财政收入风险又会通过税费征收或债务发行向微观经济主体传导，让财政风险越来越深入，越来越复杂。因此，对公共财政风险的综合评估和应对非常重要。武彦民从财政风险评估的角度，对财政运行状态进行综合评价并对债务、分配、金融、社会保障、国有企业财务等方面进行多角度具体评价，在此基础上形成缓解财政风险的对策。① 何开发从财政风险与经济增长之间的内在联系切入，系统分析了中国财政风险在经济增长过程中的产生及发展，并最终根据国际经济一般风险规则，参考国际财政风险衡量指标，通过定性和定量的分析，对中国的财政风险状况进行考核、评估，提出了风险控制的安全区间。② 尹音频从财政风险与金融风险联动的视角，发现公共财政通过财政运行机制从总量和结构两方面，直接或间接地与金融建立内在关联，并且能够诱发或抑制金融风险和金融危机，认为健全的财税体制和良好的财税政策是防范金融风险、促进金融深化和保持经济稳定发展的前提。③ 崔潮提出以周期性平衡的财政政策为导向，调整财政收支结构，控制国债和地方债风险，提高预算治理水平，进而防范化解财政风险。④

可见，以问题为导向的内生性财政风险研究已经相当地广泛和深入，其中的财政安全线索体现在：防范财政风险或解决财政面临的问题是维护财政安全的充分必要条件，需进行相应的风险成因机理分析、风险传导机制分析、财政风险的破坏和影响后果分析、建立财政风险预警体系等，在此基础上，有的放矢地推进财政体制机制改革和财政政策调整。

第二，在开放视角下防范公共财政外生风险。

在经济全球化的环境中，公共资源、公共产品和服务的供给与配置在国家或者地区之间的界限被打破，国际财经合作被强化，国际贸易、环境保护、反恐行动等全球公共产品的有效

---

① 武彦民：《我国财政风险的现实性和可控性》，《经济理论与经济管理》2003 年第 4 期。

② 何开发：《中国财政风险》，中国时代经济出版社 2002 年版。

③ 尹音频：《财政运行机制与金融风险探析》，《财经论丛》2001 年第 2 期。

④ 崔潮：《中国财政可持续发展的风险与防范》，中国财政学会 2017 年年会暨第 21 次全国财政理论研讨会，2017 年 4 月 21 日，北京。

供给成为重要议题，一国的公共财政越来越受到来自国外的经济、政治与社会的影响，进入全球化的轨道。开放财政的研究是一种矫正国际经济一体化中市场失灵、实现利益最大化的分析框架。① 开放财政给中国带来了机遇的同时，也带来了风险，其中影响最大的就是国际税收竞争加剧。

各国为了本国利益最大化，都希望能够把资本、劳动、技术等生产要素吸引到本国，而通过减税让纳税人在本国的税收负担低于在别国的税收负担，就有可能实现这一目标。当各国都为此而减税时，就产生了国际税收竞争。国际税收竞争能够推动生产要素的跨国流动，有利于人类科技进步，有利于国家间的差距缩小。但如果国际税收竞争过度而发展成为恶性竞争，不仅将对竞争各方产生不利的影响，国际社会整体利益也会发生净损失，突出的问题就是国际公共产品提供不足，而解决问题的出路是国际税收协调。

此外，开放视角下中国公共财政面临的外生风险还来自外债。中国利用国际金融组织和外国政府贷款，对于缓解发展资金短缺、借鉴吸收国外先进理念和成功经验起到了重要作用，但对竞争性领域项目引入国外债务融资可能会对国内资本市场产生"挤出"效应。② 因此，需着力完善政府外债管理机制，建立健全政府债务管理制度以及合理的资本市场运作机制。同时，在政府外债协议规定的框架内，加大政府外债项目的监督力度，尽可能提高外资效率、降低风险。

综上所述，开放视角下的公共财政安全线索体现在：一是公共财政在防范内生风险的同时，还须防范外生或输入性风险；二是在本国公共物品提供之余且财力允许的前提下，积极参与

---

① 赵仁平：《我国国际财政研究综述》，《云南财经大学学报》2010 年第 1 期。

② 高志勇、高扬：《转变我国政府举借外债的决策出发点》，《中国财政》2010 年第 1 期。

全球性或区域性公共品的提供，有利于增强国家财经话语权，进而有利于财政安全；三是推动国际税收协调，对国际税收竞争进行研判并提出预案，化解可能产生的风险；四是科学管理外债，防范外债风险。

3. 在公共财政体系框架下系统、全面地保障财政安全

自公共财政在中国确立以来，中国学者一直致力于为公共财政搭建具有中国特色的体系框架，具有较大影响力的有"四体系论""三层次论""1+3+4+10体系论"。

叶振鹏提出了由公共财政支出体系、收入体系、调控体系、管理体系四大体系构成的公共财政体系框架：支出体系以公共支出为重点；收入体系以税收收入为主，以规范化的收费为辅；调控体系以保证国民经济稳定协调快速发展为目标，综合运用预算、税收、投资、贴息、补贴等财政政策工具；管理体系以实现社会效益和宏观经济效益的最大化为目标，以财政收支为中心，以财政法规为依据，以规范化的制度和现代科学技术为手段。[①]

吕炜总结了中国财政体系的三个层次：第一层次是公共财政的制度合理性问题，即如何划定政府与市场的边界、完善政府行政管理体制、优化财权事权关系，并相应确定公共财政的职能范围和各级财政之间的基本关系；第二层次是公共财政的体制规范性问题，即通过什么样的管理体制来使公共财政的职能得到落实；第三层次是公共财政的管理科学性问题，即如何使体制的运行最有效率，防止其流于形式。[②]

高培勇构建了一个以公共性为基本线索的中国公共财政建设

[①] 叶振鹏：《建立公共财政基本框架的几个问题》，《中国财政》1999年第10期。

[②] 吕炜：《有中国特色的公共财政体系的三个层次》，《经济研究参考》2003年第39期。

指标体系，该体系由一条主线、三项职能、四个层面、十大指标构成，简称为"1+3+4+10体系"。该体系中的一条主线指公共性，三项职能指资源配置、收入分配和经济稳定职能，四个层面指基础环境建设、制度框架建设、运行绩效建设和开放条件下的公共财政建设，十大指标包括政府干预度、非营利化、收支集中度、财政法治化、财政民主化、分权规范度、均等化、可持续性、绩效改善度和财政国际化十个一级指标。①

至此，与社会主义市场经济相适应的公共财政体系已经在中国基本成型，但其仍处于动态发展的过程中，只要市场化改革没有完成，政府和市场间的关系就会不断被调整，政府职能和财政职能就一直在转变。就像贾康指出的那样：中国公共财政体系的构建是在动态之中发展和加入一些东西，排除和扬弃一些东西，一步一步转变成相对成熟的、能够跟新时期社会主义市场经济新体制和总体社会再生产发展要求相适应、相匹配的一个财政型态。②

在公共财政体系框架构建的过程中，财政安全线索体现在：构建以公共服务均等化为核心的公共财政体系，系统、全面地保障财政安全。这对实践有五方面要求：第一，财政收支规模、结构合理，保证基本公共服务供给的水平和效率逐步提高。第二，推动公共预算管理改革，构建预算绩效评价体系，使财政资源被准确地投向政府的施政重点和优先领域。第三，明晰各级政府事权与财权，优化转移支付，建立科学合理的中央、地方公共服务供给的分工和合作的财政体制。第四，完善各层面的财政监督体系，发挥其应有的安全守护作用。第五，建立行之有效的财政风险预警与防范、化解机制。

---

① 高培勇：《中国公共财政建设指标体系：定位、思路及框架构建》，《经济理论与经济管理》2007年第8期。

② 贾康：《对公共财政的基本认识》，《税务研究》2008年第2期。

（四）中国现代财政理论体系中的财政安全线索

党的十八届三中全会围绕着国家治理的总目标针对全面深化改革若干重大问题做出一系列决定，其中就包括"建立现代财政制度"，标志着中国财政发展进入又一个崭新的阶段。根据全会要求，现代财政制度需致力于将财政打造成为国家治理的基础和重要支柱，加速实现国家治理体系和治理能力现代化目标。由于国家治理体系包括经济、政治、文化、社会、生态文明和党的建设等各领域体制机制、法律法规安排，现代财政制度作为国家治理体系的一部分并且支撑起整个国家治理体系，就需要超越公共财政体制下支撑市场化改革的单一目标。无论是在财政内涵和外延上，还是在财政职能和制度政策上，都需要有全新的认识。那么，在新的发展阶段，财政安全也必然被注入新的内容。

1. 现代财政制度对财政安全的内在要求

由构建公共财政体制转为建立现代财政制度，中国财政随之进入形态更高级、功能更齐全、作用更完整、结构更合理的财政型态。在中国改革发展进入新常态背景下，建立现代财政制度需要对接以国家治理现代化为目标的改革进程，并作为全面深化改革的先锋深入到改革深水区，肩负起引导和支撑改革攻坚的历史使命。由于建立现代财政制度的复杂性和艰巨性远高于以往的任何一个财政发展阶段，在整个历程中均面临着较大的不确定性，必须对财政安全更加重视。

第一，建立现代财政制度本身就是维护财政安全。现代财政制度是一整套既符合现代社会特点，又能适应未来复杂性与不确定性动态治理要求的专门财政治理技术。① 时任财政部部长楼继伟指出，中国发展不平衡、不协调、不可持续的问题与财税体制改革不到位、财税体制的制度优势正在削弱有关，而后者主要表现在预算制度、税收制度、政府间财政关系、收支对比关系四个方面。具体来看，中国财政预算在支出方面的约束力仍然不强，还有部分非规范性收入，所以预算管理制度的完整性、科学性、有效性和透明度均有待提高；中国税收优惠存在滥用情况，削弱了税收的调节功能，同时税制结构欠合理，在化解产能过剩、调节收入分配、促进资源节约和生态环境保护方面难以发挥应有的功能；中国中央和地方间的财政关系尚未理顺，事权与支出责任划分存在不清晰、不合理、不规范等问题，转移支付制度也存在规模过大、结构失衡、资金分散等问题；财政收支矛盾激化，经济新常态下财政收入增速与经济增速均处于中低速增长区间，但财政支出持续刚性增长，导致财政赤字和政府债务风险加大，威胁财政安全。

因此，以问题为导向，着手从以下三方面深化财政体制改革，早日实现建立现代财政制度目标，将最大限度地保障财政安全：一是建立完整、规范、透明、高效的现代政府预算管理制度；二是建设有利于科学发展、社会公平、市场统一的现代税收制度体系；三是健全中央和地方财力与事权相匹配的财政体制，进而实现政府间财政关系现代化。②

第二，建立现代财政制度需要推进法治财政。

党的十八届四中全会通过了《关于全面推进依法治国若干重大问题的决定》，为推进国家治理现代化建设落实法治保障。与此相应，法治财政是建设现代财政制度的首要要求。如果从

---

① 杨志勇：《现代财政制度：基本原则与主要特征》，《地方财政研究》2014年第6期。

② 楼继伟：《现代财政制度》，《中国财政》2014年第1期。

立法、执法、司法、守法的角度来看，法治财政包括完善的财政法律法规及规范体系、高效的财政法治实施和运行体系、严密的财政法治监督和检查体系、有力的财政法治保障和促进体系四个方面。①

从现代财政制度的三方面构成来看，一是为建立全面规范、公开透明的现代预算制度，要从完善政府预算体系、建立跨年度预算平衡机制、完善地方政府债务管理制度和转移支付制度、硬化预算支出约束等方面贯彻落实新预算法的相关规定，并在此基础上推进税收、国有资产管理、政府采购等方面的财税立法进程。

二是为建立健全有利于科学发展、社会公平、市场统一的税收制度体系，包括在深化增值税改革的基础上实现增值税立法，在调整消费税征收范围、优化税率结构并强化消费引导与调节功能的基础上实现消费税立法，在各项准备工作完备并理顺各方关系的基础上适时推动房地产税立法。与此同时，对于已经过立法程序的资源税法、社会保障税法、个人所得税法等加强执法和监督。

三是为建立事权和支出责任相适应的制度，深化政府间财政关系改革，通过合理划分各级政府间事权、支出责任及合理划分收入，优化政府间财政关系，并在此基础上改革完善财政转移支付制度。为此，中国出台了若干具有法律效应的改革意见和方案，通过一个阶段的事权与支出责任划分改革，中国中央事权和中央支出比重得到了适度加强，委托事权和共同事权得到了规范和一定程度的减少，但政府间收入划分格局还没有随改革进程进行调整，当前改革成果尚需进一步优化，后续改革尚待持续推进。

---

① 谢旭人：《坚持法治财政道路　建设现代财政制度》，《财政研究》2015 年第 1 期。

第三，现代财政制度要与国家治理现代化全面对接。

类似公共财政制度之于社会主义市场经济体制的属性关系，现代财政制度之于现代化国家治理体系也具有属性关系。换句话说，社会主义市场经济体制下的财政制度是公共财政制度，现代化国家治理体系下的财政制度是现代财政制度。因此，现代财政制度要与国家治理现代化实现全面对接，否则将有财政安全隐患。

国家治理涉及三个基本问题：谁治理、如何治理、依靠什么治理，即国家治理体系的三要素——治理主体、治理机制和治理工具。从治理主体的角度看，国家治理体系由政府治理、市场治理和社会治理三个次级体系构成，分别对应的治理机制是国家行政体制、经济体制和社会体制。① 而治理工具是多样化的，为什么突出强调财政是国家治理现代化的基础和重要支柱呢？这是因为财政和国家治理各主体之间都能够建立起直接的联系，并能调节国家治理多元主体之间的关系，达到各方合作与竞争均衡，实现国家治理效能最大化。再看现代化的目标设定，治理现代化的内涵是"制度+组织+能力"，具体需以能力建设为导向，以组织优化为重点，以制度建设自我完善为落脚点。② 那么从财政安全的角度来看现代财政制度建设，必须有利于完善和发展中国特色社会主义制度，有利于健全国家治理组织架构，促进政府、市场主体与社会组织的和谐共荣，有利于推进政府调控方式的现代化、市场机制的现代化和社会组织的现代化，必须服务于政府与市场关系、政府与社会关系、政府与纳税人关系及政府间财政关系的重新定位与优化。③

---

① 俞可平：《走向国家治理现代化——论中国改革开放后的国家、市场与社会关系》，《当代世界》2014年第10期。

② 毛莉、李玉：《从"管理"到"治理"》，《中国社会科学报》2013年11月22日。

③ 马骁、周克清：《建立现代财政制度的逻辑起点与实现路径》，《财经科学》2014年第1期。

第四，需遵循现代财政制度原则推动新一轮财政职能转换。

无论是国家治理的主体客体关系框架，还是国家治理体系的构成和现代化要求，自中国财政从对接市场化改革到对接国家治理现代化开始，就意味着需要启动新一轮财政职能转换。党的十八届三中全会在对财政进行全新定位的同时，也已经将其职能转换做了部署，以国家治理现代化为目标的财政职能为：优化资源配置、维护市场统一、促进社会公平、实现国家长治久安。而如何顺利实现此轮财政职能转换，党的十八届三中全会还给出了具体行动路线：完善立法、明确事权、改革税制、稳定税负、透明预算、提高效率，发挥中央和地方"两个积极性"。只有把这些精神落到实处，现代财政制度与国家治理现代化目标才能尽快匹配，反之就会威胁财政安全。而要把这些精神落到实处，还需要在具体行动路线之上遵循科学高效的行动原则，否则具体行动很容易偏移既定路线。

杨志勇提出了相对具体的"五原则"：一是放眼世界与立足国情相结合。横向充分借鉴发达国家成熟经验，纵向继承和发扬中国经济社会转型成果，同时吸取中西方失败教训，再做具体的现代财政制度安排。二是有利于国家治理能力的现代化。此前的财政制度体现着单一的国家治理能力，现代财政制度需要体现出综合的国家治理能力。三是有利于促进社会公平正义。现代财政制度需为人民提供与经济发展相适应的基本生活保障，并在初次分配、再分配和第三次分配上发挥调节和引导作用，为社会成员创造平等机会。四是有利于市场在资源配置中决定性作用的发挥。现代财政制度需做出相应的制度安排，避免地方政府通过为本地企业提供不规范的税收优惠来分割统一市场，从根本上激发所有市场主体的积极性，从整体上提升资源配置效率。五是有利于宏观经济稳定。现代财政制度需灵活运用税收、支出、赤字、债务、利润等政策工具发挥宏观调控作用，在对资产负债充分认识的前提下科学测算财政宏观调控能力，择机出台政策，缩短政策时滞。①

　　郭庆旺进一步抽象为三项基本原则——效率原则、公平原则和法治原则。其中，效率原则是现代财政制度的核心，公平原则是现代财政制度的要义，法治原则是现代财政制度的本质。② 首先，效率原则要求现代财政制度需保障资源配置高效有序。在市场在资源配置中起决定性作用的目标约束下，现代财政制度要支持政府职能转变、经济发展方式转变，支持供给侧结构性改革，在经济结构优化的同时保障生产要素自由有序地流动，支持科技创新下的经济增长动力顺利转换及全要素生产率稳步提升。其次，公平原则要求现代财政制度需致力于缓解社会主要矛盾。党的十九大报告明确指出，中国社会主要矛盾已经转化为人民日益增长的美好生活需要和不平衡不充分的发展之间的矛盾，而要缓解社会主要矛盾便要缩小差距、实现公平。远期目标是实现全体人民共同富裕，近期目标是让改革发展成果更多更公平惠及全体人民，这要求现代财政制度支持基本公共服务均等化，完善财政再分配的体制机制，同时维护市场公平竞争的秩序。最后，法治原则要求现代财政制度法治化。以法治理念构建财政制度，以法治思维完善财政制度，以法治方式运行财政制度，做到依法聚财，依法用财，依法理财。③ 只有遵循上述三项基本原则，现代财政制度才能加速实现新一轮财政职能转换，在安全的范围内尽快对接到国家治理现代化所要求的财政职能。

　　在基本原则和具体原则的指引下，在实践基础上将现代财政制度职能加以理论归纳和阐释是十分必要的。吕冰洋就在理

---

　　① 杨志勇：《现代财政制度：基本原则与主要特征》，《地方财政研究》2014年第6期。

　　② 郭庆旺：《论加快建立现代财政制度》，《经济研究》2017年第12期。

　　③ 郭庆旺：《论加快建立现代财政制度》，《经济研究》2017年第12期。

论上赋予现代财政制度保护、生产和分配职能。首先，保护职能体现在对公民政治权利、经济权利和社会权利的保护上，通过人大审议预算报告来保护公民政治权利，通过税收制度在政府和纳税人之间形成稳定契约关系来保护包括私有财产权在内的公民经济权利，通过民生性的财政支出来保护公民社会权利。其次，生产职能体现在财政支出对产出的扩大上，财政支出作用于政府宏观调控、政府直接投资以及为企业提供生产性服务、缓解市场拥挤、保障产权等外部性活动均能扩大产出。最后，分配职能体现在累进税、转移支付、税收优惠、财政补贴、关税保护以及民生性支出等工具的运用上，这些工具都具有较强的分配性，有的影响初次分配，有的影响收入再分配，有的影响权利再分配。[①] 充分发挥现代财政制度职能是统筹发展和安全最好的保障，生产职能侧重于保障发展，保护职能和分配职能则侧重于保障安全，三者统一在现代财政制度下，满足统筹发展和安全的要求，以安全促发展，以发展保安全。

2. 现代财政制度面临的内生风险与外生风险

建立现代财政制度是中国进入全面深化改革的攻坚期和深水区的历史时期确立的，与国家治理现代化相适应的财政模式，在其建立和发展过程中面临的内生风险和外生风险相对于公共财政制度只会更多、更复杂。

第一，继续深化财税体制改革防范现代财政制度内生风险。

风险的实质是不确定性，在信息和技术高度发达的新时代，可以用科学的方法对不确定性进行相对准确的判断，所以现代财政制度所面临的风险不再单纯以问题为导向进行定性判断，而有条件运用一定的技术模型和数据进行更为准确的定量判断。

---

① 吕冰洋：《现代财政制度的构建：一个公共秩序的分析框架》，《管理世界》2021 年第 10 期。

段炳德通过构建政治代理模型在宏观的财政变量与微观的居民福利之间建立关系，分析财政相关变量——税收成本、财政透明度、财经纪律、地方财政竞争对居民福利的影响，并通过时间序列的实证分析现代财政制度建设面临的内生风险：税收能力并不均衡，预算能力出现上升趋势但总体水平偏低，税收法定道路面临诸多现实困难的制约，中央和地方之间的财力与支出责任严重不匹配。并且提出有效评估和有效控制中国现代财政制度的建设进程的方法——对现代财政制度重要构成要素指数化。[①]

申亮在全面深化财税体制改革的视域下，构建了现代财政制度的评价指标体系。其中，以财政自给率和基本公共服务水平指标来评估现代政府间财政关系及其改革，以财政透明度、预决算偏离度、地方政府债务率指标来评估现代预算制度及其改革，以税收占比、直接税占比指标来评估现代税收制度及其改革。根据运用此指标体系进行实证分析的结果，提出四方面政策建议来提高现代财政制度建设水平，进而降低内生风险。一是贯彻落实新预算法以提高预算约束性，二是提高基本公共服务均等化水平，三是加强地方政府债务管理，四是在提高税收比重的基础上规范非税收入。[②]

龚浩等根据中央和《深化财税体制改革总体方案》设定的"到2020年基本建立现代财政制度"时间表，以2020年为时间节点，通过目标与现实的对比，从财政收入、财政支出、预算制度、财政体制四方面对中国现代财政制度建设的目标、进程与现状进行了评估，从中发现若干财政安全隐患。在财政收入方面，以"直接税比重提高有限"和"尚未出现地方主体税

---

① 段炳德：《现代财政制度的基本要素与构建逻辑——基于政治代理模型和中国省级数据的分析》，《管理世界》2016年第8期。

② 申亮：《现代财政制度的度量与评估——基于东部8省市的实证分析》，《公共财政研究》2018年第4期。

种"的现实情况对比"优化税制结构、构建地方税体系"的预定目标,得到的评估结论是"税收结构有待优化,地方税体系尚未形成";在财政支出方面,以"经济建设和社会福利性支出比重相当"和"政府仍以经济建设为主要职能"的现实情况对比优化财政支出结构、加速政府职能转变的预定目标,得到的评估结论是"支出结构有待优化,政府职能转变尚未体现";在预算制度方面,以全口径政府预算体系形成、新预算法实施、建立跨年预算平衡机制并实施中期财政规划管理、人大预算审查监督的重点向支出预算和政策拓展、全面实施预算绩效管理等现实情况对比"全面规范、公开透明、标准科学、约束有力、绩效管理"的预定目标,得到的评估结论是"全面规范尚待提升,公开透明尚需加强,绩效管理仍需扎实推进,预算标准尚待完善";在财政体制方面,以出台中央与地方财政事权和支出责任划分改革的指导意见、共同财政事权和支出责任划分方案、分领域划分方案等改革成果对比"事权和支出责任相适应"的预定目标,得到的评估结论是"划分了事权和支出责任,央地财政关系尚未理顺,分税制逐渐蜕变为分钱制"。[①] 可见,过去一个阶段的现代财政制度建设部分地实现了既定目标,但未完全实现,还需要在下一阶段将未竟目标实现。

此外,对财政收支进行科学的预测,从而为财政收支预算及实际财政支出提供依据,同时充分以政府会计提供的政府资产负债信息作为现代财政预算的基础,发展绩效预算技术进行科学的预算绩效评价,均是现代财政制度建设的重点,也是维护财政安全的有力武器。当然,除了这些定量的举措外,定性的判断仍然不可或缺,包括保持现代财政制度目标的长期性与战略性,对中央和地方、企业和居民积极性的调动等。

[①] 龚浩、李丽珍、王晓:《中国现代财政制度构建的目标、进程与现状评估》,《经济体制改革》2021年第1期。

第二，在全球化进程中现代财政制度需防范外生风险。

当今世界，基于各国比较优势下的国际分工推动全球化成为一个必然趋势。尽管新冠肺炎疫情的暴发限制了人员的全球流动，但物流、资金流并没有被切断，因为任何国家的内需都难堪经济复苏的重任，需要强大的外需支撑。可见，疫情只能延缓却不能逆转全球化趋势，这也彰显了中国努力构建人类命运共同体是顺应时代主题和潮流。国家治理需要与全球治理形成互动，现代财政制度就是在全球化客观趋势和中国构建人类命运共同体主观努力的背景下应运而生，那么它需要防范的风险还有一部分来自国土之外，因为在全球化进程中一国的经济政策不仅影响本国，还会影响到与其联系密切的其他国家，即所谓的政策效应向外溢出，政策风险也向外传导。

中国现代财政制度在兼顾履行对外职能时，面临不利的外部环境，有可能受到外生风险的侵袭。具体表现为三个方面：一是全球性公共物品供给机制不完善，导致供给不足。公共物品具有非排他性和非竞争性的本质属性，如果没有权威的制度约束，"搭便车"便成为普遍选择，公共物品供给必然不足，全球性公共物品也一样。新冠肺炎疫情的防控是典型的全球性公共物品，由于各国没有形成一致行动，国外疫情长期得不到根本控制，中国对外援助的抗疫物资成为沉没成本，对内防控成绩斐然，但因不断有输入性病例将变异的病毒带入国内，需要花费巨额财政资金管控。有限的财政资金大量花费在疫情防控上而挤占了其他方面的支出空间，扭曲了财政支出结构。

二是应对外部压力，耗费大量财政资源。以美国为首的西方发达国家积极推动北约东扩、支持其他国家反对派发动颜色革命、用各种手段渗透和传播西方价值观和意识形态等，加剧世界不稳定因素，甚至局部战争频发，威胁世界和平与安全。俄乌战争及美欧对俄罗斯发起一轮又一轮制裁将影响全球供应链，必然会波及中国，这要求财政金融体系筑牢安全底线。此外，西方国家对中国在经济、军事、教育各个方面进行遏制和打压，扶植海外反华势力，制造"中国威胁论"，进行贸易制裁等。中国必然需要耗费大量的财政资金来应对这些外部压力，其他方面的支出就会受到挤压。

三是在新冠肺炎疫情和数字经济背景下的国际税收竞争更加复杂和艰巨。国际税收竞争由来已久，各国通过竞相减税，一方面为本国经济主体减负、增强国际竞争力，另一方面吸引更多的国际资本或经营活动流入本国。随着中国企业"走出去"战略和"一带一路"倡议的落实，中国对外投资规模越来越大，国际税收竞争对中国财政的冲击也越来越大。中国企业在避税港成立受控外国企业来逃税或避税的现象越来越多，造成国家税收大量流失，税基受到严重侵蚀，进一步威胁中国财政安全。在数字经济迅猛发展的当下，大部分经营活动转移到线上进行，导致不同国家对跨国经营的税收管辖权展开竞争，让国际税收竞争形势更加复杂。加之新冠肺炎疫情重创世界经济，为了应对经济衰退，各国纷纷出台减税政策导致国际税收竞争形势更加激烈。为此，经合组织（OECD）提出了"双支柱"国际税收改革方案。其中，支柱一是要确保包括数字产业在内的大型跨国企业在其所有实施商业活动并取得利润的市场缴纳公平的税额，支柱二则是通过设立15%的全球最低公司税率来为各国之间的税收竞争划定底线，据估计这一举措将在全球层面每年多产生约1500亿美元的税收。[①] 一直以来中国积极参与G20倡导、OECD实施的"税基侵蚀与利润转移（BEPS）行动计划"，这次的"双支柱"国际税收改革方案也是BEPS行动计划成果。尽管这可以在一定程度上降低国际税收竞争带来的财政风险，

---

① 《经合组织：国际税收体系改革双支柱方案受到130个国家和司法管辖区支持》，2021年7月2日，经合组织网，http://www.stcn.com/kuaixun/cj/202107/t20210702_3398687.html。

但需要以完善中国数字经济税收治理、健全数字税收纳税服务体系为前提。而有关数字税方面的改革仍在路上，财政仍然受到外生风险威胁。

3. 在现代财政制度框架下系统、全面地保障财政安全

现代政府间财政关系、现代预算制度、现代税收制度共同构成了现代财政制度框架，那么，探讨现代财政制度的财政安全线索也需要从这三个组成部分进行探寻。

第一，以优化政府间财权和事权划分来维护现代政府间财政关系安全。

如何处理好政府间的财政关系？这是一个亘古不变的话题。因为人类历史的车轮随着生产力的发展不断滚滚前行，政府和市场的关系不断得到调整，所以政府职能和财政职能均具有动态属性。正因如此，每项具体财政职能划归哪级政府履行，每项财政收入划归哪级政府拥有，每项财政支出责任划归哪级政府承担，就需要阶段性地加以规范和界定。也就是说，政府间财政关系并非一成不变，而是需要以动态调整的眼光来看待。政府间财权和事权划分是建立科学规范的政府间财政关系的核心内容，同时也是政府有效提供基本公共服务的前提条件，因此探寻政府间财政关系中的财政安全线索的最佳落脚点是政府间财权和事权划分。

目前中国财权与事权划分仍然需要进一步优化，这已达成广泛共识。强调财权与事权相匹配是按照"一级政府、一级事权、一级财权、一级预算主体"进行制度安排，各级预算相对独立，自求平衡。在明确政府职能边界，划分各级政府间职责范围，明确各级财政支出责任的基础上按照财权与事权相统一的原则划分财权，划定各级政府稳定的收入来源。这一思路符合分税制财政体制的要求，但对于赋予地方政府的财权能否有制度、有法律、有依据地达到与其事权相匹配，在中国市场化改革彻底完成之前还存在种种难题需要攻克。因此，中国提出

建立各级政府事权、支出责任和财力相适应的过渡性财政体制，将更为务实的财力加入政府间财政关系的逻辑中来，能够合理解释财政转移支付制度的逻辑，并可以让政府间事权与支出责任划分、政府间收入划分改革落地。随着新时代政府间财政关系被纳入现代财政制度，且其重要性提升到现代财政制度的首位，党的十九届四中全会提出通过"形成稳定的各级政府事权、支出责任和财力相适应的制度"来"建立权责清晰、财力协调、区域均衡的中央和地方财政关系"，最终以财政的"点"带动政府治理的"面"，财政体制改革的任务更加艰巨。

当前，中国亟待在现代财政制度体系下启动新一轮政府间财政收入划分改革。自1994年分税制改革以来，中国中央和地方财政收入划分的改革一直处于小步慢跑阶段。在所得税、增值税、营业税、资源税、印花税、出口退税等税种的改革中，都包含中央和地方收入划分的内容，并且表现出收入向中央集中的改革取向。近30年的改革，共享税一步步被做大，中央和地方财政收入关系从最初的分税一步步走向分享。目前共享税占总税收收入的比重已经超过七成，地方主体税种也被共享税取代，共享税占地方税收收入的比重已经超过五成，而中央转移支付占地方税收收入的比重近四成。这样的中央和地方财政收入关系是否与现代财政制度的要求相适应，是否有利于发挥中央和地方两个积极性致力于实现国家治理现代化？答案是否定的。因为这样的中央和地方财政收入划分与事权和支出责任划分是不相适应的。目前财政总收支中，地方支出超过八成，而地方收入大约只占五成，中央可支配收入的近七成都要安排对地方的转移支付。[①] 这样的政府间财政关系显然不是财权和事

[①] 刘昆：《我国的中央和地方财政关系》（十三届全国人大常委会专题讲座第十八讲），2020年8月12日，全国人民代表大会网，http://www.npc.gov.cn/npc/c30834/202008/08bd6bb3168e4916a2da92ac68771386.shtml。

权的最优划分，不利于发挥两个积极性，存在着较大的财政安全隐患，并进一步引致基层财政困难、土地财政、地方债务等领域的财政风险。

第二，以优化预算编制和绩效管理来维护现代预算制度安全。

党的十九届五中全会提出"深化预算管理制度改革，强化对预算编制的宏观指导""加强财政资源统筹，加强中期财政规划管理，增强国家重大战略任务财力保障""推进财政支出标准化，强化预算约束和绩效管理"等改革要求，以夯实现代预算制度来保障财政安全。然而，中国现行预算制度还存在若干现实性约束，延缓了预算制度的现代化进程，突出表现在预算编制和绩效管理两个方面。

一是预算编制的优化受限于"四本预算"的统筹衔接。中国预算制度改革最大的成果就是实现了全口径预算管理并且予以预算法保障，但目前的全口径预算管理是以相对独立的"四本预算"形式实现。尽管新预算法对各本预算的编制进行了详细规定，但由于各本预算之间尚未实现必要的有机衔接和统筹，全口径预算体系统筹所有财政资源的整体功能尚未全面发挥，与现代预算制度的要求还有距离。在财政风险积累方面，在各预算执行过程中，难免会出现财力紧张或财力缺口，但因各预算不能有机衔接和统筹调剂使用，既会造成独立预算的财政资金使用分散、浪费和存量资金大量沉淀，又会引起政府性债务的分散和无序扩张，无谓地增大财政风险。在财政风险化解方面，受新冠肺炎疫情和经济新常态影响，财政收入增速随经济增速收敛而收敛，一般公共预算的压力日渐加大。财政压力在地方层面更加突出，随着地方政府发行的专项债券纳入政府性基金预算，国家政策性银行的专项金融债、基本建设基金支持的项目以及PPP项目的逐渐落实，地方政府债务风险加速积累。但是"四本预算"尚不能对实际发生的赤字统筹弥补，难以从总体财政能力出发来防范债务风险。此外,"四本预算"整体功能的发挥还受到一些制度性因素阻滞。例如,跨年度预算平衡机制还未在"四本预算"中统筹兼顾并发挥抗风险功能;再如,改革的渐进性导致政府收支科目的频繁调整,降低预算可比性的同时加大了财政风险的隐蔽性。[①]

二是预算编制的优化受限于中期财政规划的有效执行。随着经济社会发展,传统年度预算的缺陷逐渐暴露:与国家中长期发展规划难以衔接、年末突击花钱、财政支出规模膨胀等问题,严重影响了财政支出绩效,加剧了公共财政风险。为此,党的十八届三中全会在确定建立现代财政制度的同时提出,要改进预算管理制度,实现跨年度预算平衡机制。此后,在新预算法中将编制中期财政规划作为一项重要内容,在国务院出台的《关于实行中期财政规划管理的意见》(国发〔2015〕3号)中对中央及地方政府实行中期财政规划管理提供了更加明确的指导。党的十九届五中全会通过的"十四五"规划建议明确提出,加强中期财政规划管理,进一步完善跨年度预算平衡机制,增强中期财政规划对年度预算编制的指导性和约束性。经过近十年的实践,中期财政规划已全面覆盖"四本预算",有效提升了预算和政策的科学性和合理性。但是,仍存在一些亟待解决的难点问题。例如,收支预测方法及预算编制方法落后影响中期财政规划编制的准确性;当前中期财政规划指导框架较为粗线条,缺乏实施细则;中期财政规划制度缺少基础制度支撑。这些难点问题影响了中期财政规划防风险、御安全能力的提升,亟待通过体制机制的建立健全予以根本解决。

三是预算编制的优化还受限于财政支出标准化的进程。预算编制需要对年度和中期的财政状况进行准确评估,涉及收入

---

① 于树一:《经济新常态下发挥"四本预算"整体功能的探讨》,《财贸经济》2016年第10期。

和支出的预测，而要预测准确就需要引入标准化。预算标准化主要是针对支出而言，因为财政收入的获得，无论是税收收入，还是非税收入的征收必然有一定的依据，而支出的依据就是支出标准。目前中国财政支出标准化推进速度不及预期，例如中央级的预算基本支出的定员定额管理范围和标准、转移支付的归类标准以及预算执行中的超标问题仍未解决。基本支出和项目支出标准均需要通过建立清单来明确，纳入清单的事项应逐渐推行标准化管理。对于不同事项，根据其特点和标准体系的成熟程度，适时、分步、科学推进标准化。[1] 随着支出标准化改革向前推进，并与更为科学合理的财政收入预测实现有机结合，将显著提高中国预算编制的科学性和财政资金的配置效率。在此基础上，财政政策的制定也能更加精准，宏观调控的效果也能显著提升，财政安全便能得到最好的维护。

四是预算绩效管理重支出轻收入。中国财政领域的绩效评价已经开展十余年，但主要是围绕着财政支出展开，就不能反映整个财政运行的绩效，难以发现更深层面的财税体制问题。开展财政收入绩效评价，与财政支出评价相互补充，是实现全方位、全过程、全覆盖预算绩效管理的必要改革举措。尤其是在当前形势下，开展财政收入绩效评价的意义尤为重大。因为中国财政运行面临着减税降费政策和经济新常态主客观两方面的减收压力。与此同时，规模庞大的刚性支出难以压减，存在着财政收支缺口扩大、增加政府债务负担的风险。事实上，中国在财政收入方面还存在着很多低效运行的情况，通过开展收入端的绩效评价，可以发现问题和短板。由于中央和地方财政关系尚未理顺，收入集中化和支出责任下沉并存，地方层面财政收支矛盾更为严重，在短期无法实现地方税体系重构或地方

---

[1] 侯思捷、汪德华：《"十四五"时期推进现代财政制度建设展望》，《学习与探索》2021年第4期。

专属主体税种培育的条件下,加强地方财政收入绩效管理可以一定程度上缓解收支矛盾。目前中国地方财政部门对财政收入绩效评价仍仅限于考察"税收收入占一般公共预算收入的比重"一个指标,不能评价地方财政收入的各个方面。客观上包容了目前地方财政收入低效运行的情况:地方财政收入与经济社会发展水平存在一定程度的偏离,落实减税降费政策与地方财政可持续发展存在一定程度的矛盾,地方财政收入征收质量还存在一定程度的提高空间。因此,亟待以问题为导向,建立涉及地方财政收入全部内容的绩效评价指标体系。在试点运行一段时间后,将其扩展到全国层面,将全国财政收入和中央财政收入均纳入绩效管理,以财政收入绩效管理维护中国收入侧的财政安全。[①]

第三,以进一步深化税制改革来维护现代税收制度安全。

"十四五"规划明确提出要"建立现代财税金融体制",现代税收制度是其重要组成部分。"十四五"规划明确了完善现代税收制度的路线:健全地方税、直接税体系,优化税制结构,适当提高直接税比重,建立健全有利于高质量发展、社会公平、市场统一的税收制度体系。可见,要做到这些,还需要继续深化税制改革。但是在沿着这条路线推进改革之前,还需要清晰界定现代税收制度是一个什么样的税收制度,具有怎样的内涵,表现出怎样的特征。

事实上,早在建设现代财政制度的目标提出之后,关于现代税收制度内涵和特征的讨论已经开始,并以此作为依据提出下一步税制改革的思路和建议。卢洪友、龚锋认为现代税收制度应能够以最小扭曲成本组织收入,能够有效降低收入和财富分配不平等,能够激励和约束市场主体行为,能够保持税制法

[①] 于树一:《以财政收入绩效评价深化预算管理制度改革——基于地方层面的探索》,《财政监督》2021年第11期。

定、确定、简便透明及征管成本最小,从而搭建起强大、灵敏、可持续的现代税收制度基本框架。① 岳树民认为构建现代税收制度要从法律、经济、社会、政治和技术等多视角考虑,对税收、税制及其作用提出方向性要求。其中,税收本身应力求法制化、科学化、规范化,税制建设应力求系统性、整体性、协同性、统一性、公平性,发挥的作用应力求体现出基础性、重要性、有效性、稳定性,在此基础上打造作用科学、法治完备、征管到位、体系完善、功能健全、结构合理、税负公平、运行稳定、机制有效的现代税收制度。② 陈志勇提出加强税收法治化建设、协调直接税与间接税关系、完善地方税体系等促进税收制度现代化的主张。③ 李建军等将现代税收制度的内涵进一步界定为与现代国家、现代政府、现代社会、现代市场经济相匹配,以民主、法治、公平和效率为准则,助力国家政治经济文化社会生态全面发展、人民福祉增进的税收制度体系。④

由此可见,无论对现代税收制度内涵的界定,还是对现代税收制度特征的理解,实际上都是对现代税收制度提出的期望和要求,现行税制与之还有一定差距,而这样的差距对财政安全存在一定的风险。

一是税收自动调节职能发挥受税制改革进展的限制。税制决定着税种的设置以及各税种的征税对象、纳税人、税率、纳税环节、纳税期限、税收征收管理制度等所有具体内容,当税

---

① 卢洪友、龚锋:《经济新常态下的税制改革路径》,《税务研究》2015 年第 11 期。

② 岳树民:《构建适应市场经济发展的现代税收制度》,《郑州大学学报》(哲学社会科学版)2015 年第 4 期。

③ 陈志勇:《现代税收与政府预算:内在逻辑和制度契合》,《税务研究》2015 年第 2 期。

④ 李建军、冯黎明、尧艳:《论完善现代税收制度》,《税务研究》2021 年第 6 期。

制以法律或法令形式确定之后，税收的调节职能就基本确定且不能轻易改变了。而上述每一项具体内容的调整都会对税收调节职能产生一定程度的影响。因此，税制设计尤为重要，且在设计的时候就要明确要让税收发挥怎样的调节职能，包括明确各项税收调节什么、怎样调节、调节的广度和深度如何、最终取得怎样的调节效果等。如果税制的设计没有全面考虑相关问题，税制实际运行之后，税收的调节职能的发挥就难以合意，甚至出现"逆调节"的严重问题。中国的现行税制还不完善，还不是税收调节职能赖以生长发育的"条件适宜的土壤"。[①] 税制的不完善体现于地方税、直接税体系尚未健全，税制结构尚待优化，间接税比重仍然较高，直接税比重相对较低，导致税制弹性不足，还未能满足现代财政制度的要求等，令税制的优势无法充分发挥，因此国家在"十四五"规划中制定了力求从根本上解决上述问题的现代税收制度完善路线。

二是相机抉择的税收政策作用受到客观条件限制。客观条件包括政策时滞、决策者能力、市场完善程度、税收法定。在政策时滞方面，既包括决策者的认识时滞，也包括立法程序的时滞，还包括经济主体的反应时滞。如果政策生效时经济形势已经转变，就失去了相机抉择的应有之义，反而可能加剧经济波动。在决策者能力方面，要求决策者对各税种较强的理解、掌握和灵活运用的能力，并且能够对经济形势进行准确判断，如果满足不了这两个条件，可能会导致税收政策的错误使用，被迫频繁进行政策调整，反而加大宏观经济运行风险。在市场完善程度方面，市场越完善，税收政策效果越大，反之税收政策效果则受到限制。中国市场经济体制还欠完善，会有很多非常规的问题不断出现，提高了决策难度，在这样的情况下运用

[①] 闫坤、于树一：《税收调节职能再思考：理论分析与税制决定》，《税务研究》2014年第2期。

税收政策的效果会大打折扣。在税收法定方面，由于税收一般以法律法规的形式固定，税收调节相对稳定，具有长期性，对纳税人来说，会对税收政策形成稳定预期，从而积极地进行各种经济活动。如果将税收政策作为短期调节工具，根据宏观经济形势进行"逆风向调节"，其实不符合税收本身的特征，会打乱纳税人预期从而采取临时性应对措施，更难以取得理想的调节效果。由此可见，这些客观条件限制税收作为宏观政策工具的作用发挥，政策效果达不到的同时还会引起微观经济主体行为扭曲，不但不能维护财政安全，反而会威胁财政安全。[1]

三是税收法治化程度受到现行税制和税收执法的限制。法治化包括立法、执法、司法、守法等几个部分，它们在中国税收领域发展并不均衡。目前，中国税收立法正在加速推进，车辆购置税法、车船税法、船舶吨税法、个人所得税法、耕地占用税法、环境保护税法、企业所得税法、烟叶税法、资源税法、契税法、城市维护建设税法、印花税法十二项税法经全国人大常委会审议通过，其中八项税收立法是"十三五"时期完成，是有史以来税收立法最快的。但要看到，尽管中国税收立法已经覆盖了大部分税种，但除了企业所得税法和个人所得税法之外，均为较小的税种，收入规模仅占税收收入总额的14.7%，即便加上企业所得税和个人所得税，收入规模也仅占税收收入总额的45.8%，税收的大头还没有被立法覆盖。[2] 当然，税收立法进程仍然在快车道上加速推进，"十四五"时期增值税、消费税、关税等较大税种拟将进入立法进程，只有全面实现税收法定，才能最大限度地保障税收安全。另外，中国的税收执法

---

[1] 闫坤、于树一：《税收调节职能再思考：理论分析与税制决定》，《税务研究》2014年第2期。

[2] 《2020年全国一般公共预算收入决算表》，2021年9月17日，财政部网站，http://yss.mof.gov.cn/2020zyjs/202109/t20 210917_3753573.htm。

尚未从根本上约束对税权的滥用行为，税收守法也尚未从根本上约束纳税人履行纳税义务。在税收执法方面，中国正处于以大规模减税降费的积极财政政策稳定经济增长的时期，大量出台的税收优惠政策中便存在着税权滥用的情况。具体表现为中央层面通过各种经济区的设立对区内纳税人实行一系列特别税收优惠，形成类似税收政策"洼地"；地方层面税收优惠政策没有依据明确的法律规定，造成税收减免、税收返还五花八门。税权滥用导致市场竞争显失公平，财政履行市场统一的职能受阻，进而威胁到财政安全。在税收守法方面，让纳税人有纳税意愿，最重要的是让其了解自己缴纳了多少税款，自己因纳税而享受到多少公共服务。目前中国财政透明度还不够，税收与公共支出的关系较为模糊，而流转税隐匿在商品价内，个人所得税以代扣代缴为主，纳税人不能够直接掌握自己的纳税情况，影响了其纳税意愿，不利于纳税人的税收遵从，需要在税收法治化中予以关注。

综上所述，现代财政制度理论观点中的财政安全线索体现在：在经济新常态条件下坚定不移地推动复杂而艰巨的财税体制改革，建立法治化的、与国家治理现代化相对接的现代财政制度，推动新一轮财政职能转换，为国家治理构建强有力的基础和重要支柱。在对内深化财税制度改革、对外融入全球化的过程中，现代财政制度面临着内生风险和外生风险，需要通过优化政府间财权和事权划分、优化预算编制和绩效管理、深化税制改革和税收法治化，将风险转化为机遇，实现时代赋予现代财政制度的使命。

三 财政安全的内涵、外延及分析框架

梳理西方经济学和财政学的发展脉络,能够发现诸流派立足于不同视角对宏观经济问题和财政问题的思考、分析,并掌握各具特色的财政观点和思路,财政安全的内涵与外延便蕴含于其中。梳理中国财政学的发展脉络并探寻财政安全理论的线索,可以立足中国国情形成对中国财政安全的全面认识,并构建中国财政安全理论框架。统筹发展与安全,那么发展与安全之间是怎样的关系?安全是底线,在安全的前提下寻求发展。基于此,目前各界较为关注财政可持续发展问题,实际上是建立在财政安全的基础上,相关理论探索也将在本部分展开,从而体现统筹财政发展与安全研究的初衷。

(一) 财政安全的内涵与外延

根据前文的论述可知,安全的财政活动始于规范的政府与市场关系。在西方经济学演进过程中,早期经济思想和逐渐派生的经济学流派均根据当时的现实需要,提出自己的财政主张,客观上形成了有关财政安全的一个个片段,将其有机组合在一起,财政安全的全貌便展现出来。

在古希腊、古罗马的经济学思想中,政府对社会利益的重视为财政安全提供了保障。在重商主义的经济思想中,财政安全体现在政府对国民财富分配的有限参与、税收取之于民用之于民等方面的主张，反对政府过度征税和过度支出。在古典经济学理论中，税收、政府支出、公债等财政手段侵蚀私人财产被视为安全隐患，通过塑造廉价政府来实现市场自由发展，也一并保障财政安全。在新古典经济学理论中，政府通过财政干预经济，如果能够从整体上直接或间接地提高国民收入，或者改善收入分配，财政安全也同时得到保障。德国历史学派从财政支出限度和税收体系、税收原则上对财政收支进行约束，进而维护财政安全。瑞典学派将财政作为稳定宏观经济的手段，但为其设定的条件是周期性财政平衡和满足政治程序，体现了对财政安全的考虑。奥意学派明确了税收作为公共产品成本补偿的属性，而公共产品成本由需求决定，从而进一步明确了财政收支的安全限度。凯恩斯学派将财政作为矫正市场失灵、调节总供给和总需求的手段，财政安全体现在科学制定和有效运用财政政策，实现宏观经济目标。货币学派考虑到以增支为手段的扩张性财政政策可能对财政安全产生财政赤字和通货膨胀的双重威胁，从而需要对货币供应量予以特别关注。理性预期学派考虑到财政政策效果受到市场预期的影响，忽视这一影响，财政安全将因政策低效、失效而受到威胁。供给学派看到不同财政工具对总需求和总供给的调节各有侧重，工具运用不当会危害财政安全，但通过实施平衡预算则能将危害限制在安全范围内。公共选择学派发现在公共品供给方面通过公共选择能够促进公共品供需平衡，进而降低财政提供公共品的成本，保障财政安全。

在西方公共财政理论中，对财政安全的认识更加深入。在财政与经济之间互动的基础上，通过财政收支规模、结构的调整以及财政工具的运用，履行财政资源配置、收入分配、经济稳定与发展职能。在此过程中关注财政安全，一是避免工具组合不当出现的"逆调节"；二是防止财政规模超限度膨胀对企业和居民经济活动产生"挤出效应";三是避免因财政收支结构失衡导致财政职能实现程度受限。具体在考虑各财政工具的调节功能、财政治理的成本、财政制度完善程度、财政竞争、财政资源和财政能力约束、政府间财政关系等因素的基础上,通过财政预算约束财政收支规模和安排财政收支结构,并且考虑上述因素对财政安全的直接影响,采取优化措施尽可能降低不利影响,在确保财政安全的前提下,发挥财政职能。

根据表3.1对西方经济学、财政学理论中的财政安全线索梳理,可以得到在不同的历史时空下、不同的现实条件约束下,普遍适用的财政安全内涵和外延。

表3.1　　　　　西方经济学、财政学理论中的财政安全线索

	内容
规范政府与市场的关系	规范的政府与市场关系是经济安全的基础,也是财政安全的基础。现实中需不断调整政府和市场的关系来适应市场失灵、政府失灵范围和内容的动态变化,即基于现实需要实现二者各司其职、取长补短、紧密配合
关注社会利益	在财政参与国民财富分配的过程中,税收和行政经费的过度膨胀会损害经济社会发展和人民福祉,导致社会、政治不稳定。因此,需在维护国家安全稳定的前提下,一方面,在经济与财政之间形成良性的相互促进的关系;另一方面,财政在公平目标和效率目标之间进行权衡和取舍。具体包括遵循税收原则的合理征税,遵循厉行节约原则的行政经费高效使用
廉价政府:最小的预算也是最好的预算	财政要在尽量小的范围内参与国民财富分配,发挥自身职能并且不损害市场经济安全。在此要求下,税收和非民生支出要有限度,税收最大限度地取之于民用之于民
社会福利最大化及外部性的纠正与补偿	财政安全要求财政活动以弥补市场失灵为限,而市场失灵的范围和程度有限,所以财政仅在具有明显外部性的领域活动并尽最大能力增进社会福利。为此,财政政策综合运用财政投资、补贴、税收优惠、累进税率、社保支出等工具,以社会资源配置最优为宗旨支持产业发展,以社会福利最大化为宗旨安排民生性支出并侧重对教育、就业的支持

续表

	内容
在历史进程中遵循财政规律	在从历史视角把握经济发展的阶段、经济发展的特殊性、经济理论的相对性的基础上，财政安全要求财政活动符合财政和经济发展的关系规律、财政支出不断增长的规律、税收转嫁的规律以及税收原则。财政安全还要求财政政策设计基于特定历史阶段的政府职能范围，在完整的税收体系中考虑直接税和间接税、单一税和累进税的优点及缺陷，关注经济变量间的联系，合理运用税收、支出、赤字、国债等财政工具
在动态均衡和数量关系下运用财政工具实现国家干预	在关注宏观经济动态的基础上，政府积极地运用财政政策干预经济，实现宏观经济稳定的目标，但要有明确的数量界限和政治程序，保证财政预算满足周期性平衡的要求
以公共产品消费来安排财政收支	公共产品的供给由需求决定，公共产品的总需求决定了公共产品的种类和数量，进而决定了公共产品的成本，以财政支出对公共产品成本进行补偿，并由此决定税收的数量界限
遵循弥补市场失灵、逆风向行事、乘数效应最大化等财政政策策略	在充分认识财政对于宏观经济调控重要性的基础上，对财政职能扩围，但以政府干预市场的限度为限，通过财政手段调节总供给和总需求，实现充分就业均衡。遵循"逆风向行事"的原则选择运用扩张性或紧缩性的财政政策，致力于实现稳定宏观经济、公平分配的目标。选取预期政策效果最大的政策工具组合，如果预期效果是在保持预算平衡的前提下实现政策乘数效应最大化，还需要以结构的视角更加精准地运用政策工具来刺激经济
注重货币供应量与财政政策的相互影响	在财政与货币供应量之间建立起直接的联系，即在制定财政政策时考虑对货币供应量的引致影响。例如，在运用增加支出的扩张性财政政策时，要特别关注对货币供应量的变动，防止在巨大的财政赤字的同时，出现严重的通货膨胀
忽视预期的作用会导致政策无效	制定和实施财政政策的一个必要前提是把握市场预期，如果忽视预期则会导致政策低效、无效，甚至是负效应的结果，不仅无助于稳定经济，反而会损害经济稳定。稳定市场预期需要财政政策在总体上保持一定的稳定性，还要保证某些财政变量稳定在一定的区间内
以供需双向调节来安排财政政策工具组合	不同财政工具对需求和供给的调节各有侧重，财政支出主要影响需求，税收主要影响供给，在运用财政政策进行宏观调控时须避免工具的单一化，防止因单向调节而影响政策目标的实现程度。在实施财政政策的过程中还需要注重预算工具的使用，预算平衡是有效的财政安全管理策略，既能防范直接的收不抵支的风险，又能防止间接的财政政策对总供求调节不力的风险

续表

	内容
将公共品供给纳入公共选择框架并鼓励市场参与	在实施以扩大支出为内容的财政政策时需要充分考虑财政支出的刚性特征，从而做出前瞻性安排。在某些市场不完全失灵的公共产品和服务领域，以市场机制来选择供给主体，按照市场规则来组织公共物品的生产和供给，这样，公共品供给可以摆脱对政府的依赖，政府也可以摆脱公共品供给的巨大负担，公共品供给质量和效率均将得到提高，这是"三赢"的选择
公共支出的财政政策效应需多层次、多角度判定	财政支出与经济增长之间的正向相关关系并非永恒，在运用财政支出工具进行宏观经济调控时，需要对财政支出进一步细分，分析每类财政支出的经济增长效应，慎重选择，避免"逆调节"出现。关注财政对微观的收入调节，重视财政的再分配效应。由于财政支出与税收都具有调节收入分配的功能，需要以其再分配效应大小为依据，在二者之间进行具体的制度和政策安排。抑制财政支出规模的迅速膨胀，从预算、任期限制、选举制度等方面收紧对执政者的约束，为其建立起经济行为规范
从相关性、影响因素、效应、税种、主体间博弈等角度分析税收功能实现路径	税收功能的实现路径需要从相关性、影响因素、效应、税种、主体间博弈等角度分析中最终得出，个人所得税不适宜作为短期宏观调控的工具。提高税收政策透明度会促进投资加速，增加企业所得税优惠会促进投资增加。税收征管成本、制度完善程度以及申报方式均影响到征税规模，在这几方面采取改善措施可有效增强税收安全性。税收竞争的存在是客观的，建立起国家层面和地区层面的税收协调机制，有助于提高税收政策效果，减轻税收竞争的不良影响
财政融资需处理好跨期的支出、税收、政府性基金和政府债务之间的关系	税收和政府性基金有各自发挥优势的领域，在稳定经济的条件下，应更多使用税收工具。有限的经济资源约束要求政府在各种活动目标中做出权衡取舍，预算平衡的要求促使决策者在相互竞争的计划项目间做出取舍。资源约束也促使政府以发行债券为基础设施和资本资产融资，但是，债务融资扩大往往面临着举债能力的约束，这就要求政府还要在各种债务融资项目之间做出权衡取舍
财政分权致力于财政纵向平衡和发挥"两个积极性"	财政分权影响财政运行和财政纵向平衡。科学合理的财政分权可以实现财政收支的科学规范、财政赤字和债务的合理适度，能够有效规避或缓解财政收支不平衡、赤字规模过大或者偿债能力下降等问题；有助于在政府间建立顺畅的财政关系，即各级财政缺口均处于合理范围内，地方有能力获得稳定财源，有能力优化支出结构，有效控制土地财政和地方政府债务引致的财政风险，中央有能力进行宏观调控和统筹国家治理。财政分权包括转移支付工具的高效利用。确立转移支付的合理规模和结构，选择合适的转移支付类型、对象、力度及目标，发挥转移支付对中央、地方"两个积极性"的促进作用，尽可能降低其对效率的不利影响

第一，财政安全要求一个健全的财政体系。财政工具能够"各司其职"并发挥各自"所长"，保证财政职能得到全面、有效地实现。

第二，财政安全要求一个有效率的财政运行机制。在这样的机制下，政府与市场的关系必须科学、顺畅，政府可以按照市场规则来组织公共品的生产和供给，市场主体可以参与到公共品生产和供给的全过程，公共品的质量和效率均将得到提高。

第三，财政安全要求财政收入和支出规模适当。支出重点在于民生和政府运转，需在保障国家机构高效运转的前提下，实现非民生支出最小化。而民生支出既要满足基本民生需求，实现基本公共服务均等化，又要防范陷入"福利陷阱"。收入取之有度，政府债务的规模要考虑债务依存度、负担率等指标，以跨年度预算平衡（或中期预算平衡）来防范赤字风险。

第四，财政安全要求财政收入和支出结构合理。税收和非税收入有各自发挥优势的领域，由于税收具有更高的法律权威性和固定的税收原则，易于评估和预测，从财政安全的角度，税收应占财政收入的主体地位。债务收入的还本付息最终要依靠税收，从财政安全的角度，结构要考虑债务期限的搭配，在外债和内债、一般性债务和专项债务之间进行合理配比，地方政府债务显性化，尽可能压缩隐性债务。支出受到可支配财政资源总量的限制，需要在各种支出项目之间做出权衡取舍，从财政安全的角度，需节约行政经费等纯消费性支出，增加民生性、预防性支出。转移支付要有数量概念，仅作为地方政府收支缺口的补充和中央委托事权的成本补偿，并且在一般性财政转移支付和专项转移支付之间进行合理配比，以实现对地方政府的有效激励。

第五，财政安全要求财政政策灵活、高效。一是财政政策的目标与手段相匹配，避免出现"逆调节"；二是由于每一政策工具或者倾向于调节需求，或者倾向于调节供给，为保证政策效果，应注重运用政策工具组合；三是不能忽视市场预期，通过把握市场预期来进行相应的政策设计,通过管理和影响市场预期来加强政策效果;四是要关注财政政策对货币供应量、居民收入等经济变量的影响,防止财政政策的效果被通货膨胀等负效应抵消;五是建立起国家层面和地区层面的财政政策协调机制,防止风险、竞争等因素从外至内的传导,影响政策效果。

第六,财政安全要求建立财政安全监测预警机制。对财政收支变动和财政政策运行进行准确预测和实时动态监测,对公共财政安全与否进行合理计算、评估和预警。

（二）中国财政安全的特征与理论框架

在确定了各国普遍适用的财政安全内涵和外延之后,需要把目光聚焦到中国。在 2022 年的政府工作报告关于年度经济社会发展总体要求和政策取向的内容中,再次强调统筹发展和安全。面对明显增多的风险挑战和新的下行压力,作为国家治理的基础和重要支柱的财政,既要充当安全轴,又要充当发动机,财政安全就显得愈发重要。因此,需将中国财政理论中探寻到的财政安全线索串联起来（见表 3.2）,进而把握中国财政安全的特征,并在此基础上构建中国财政安全的理论框架,才能进一步统筹财政发展和安全,以更加坚实的理论基础支撑现代财政制度实践,并且满足国家统筹发展和安全对于现代财政制度的各方面要求。

表 3.2　　　　　　　　中国财政学理论中的财政安全线索

	内容
经济决定财政,经济安全既是财政安全的出发点,也是落脚点	在收入方面,既要保证财政供给,又要防止过重的财政负担而伤民,争取而不能依赖外援。在支出方面,精兵简政、厉行节约、讲求效益。具体要求是:平衡财政收支和控制债务风险,保障地方财政运行安全和央地财政关系顺畅,改善财政预算管理、税收征管等财政管理制度

续表

	内容
财政与货币的天然联系不可忽视，但也不能过于夸大货币对财政安全的影响	现代财政与货币之间存在着天然的联系，既体现在价值上，也体现在职能上，决定着形成、分配和使用财政资源的方式，维护财政安全必须考虑货币因素。但这种联系不能被夸大，并且要看到非货币形式分配的存在，否则财政职能容易被无限扩大，模糊财政与其他经济活动、经济现象的界限
以履行国家职能为宗旨确立财政平衡原则和双重结构财政	国家产生、发展、消亡等各方面都会影响财政安全，通过财政分配活动保障国家职能的全面实现，财政安全也将得到较好的维护。财政收支矛盾是财政安全的隐患，排除隐患需以财政平衡加以约束。现代财政无须再追求绝对的年度平衡，但财政平衡仍是不变的宗旨，为财政安全筑牢防护网。通过预算划分理顺国家社会行政管理职能和国有资产管理职能的关系，排除两类预算混列、国有资产收益和支出分散管理带来的财政安全隐患
围绕社会共同需要规范财政分配主客体之间的关系	满足社会共同需要是维护财政安全的基础，财政赤字的存在是财政安全的潜在隐患，财政支出在总量上受到财政收入制约是最直接的防风险思路。财政安全还要求采用不同的管理体制模式管理公共资金、公共资产和公共资源。对国有企业进行税收和利润征缴要谨慎，既要让国有企业尽可能地履行其双重义务，又不能损害其生产经营的积极性。从质和量两方面把握财政安全，既要明确客观存在的财政收支总量和结构的数量界限，又要注重财政绩效评价，保证财政较好地履行一般职能和当前经济社会发展要求的个性化职能
以市场失灵范围划定财政活动范围，以公共需要明确财政活动目标	市场失灵的领域决定公共财政活动的范围，而后者过小和过大均会将财政置于不安全的境地。社会公共需要的满足程度决定着财政安全程度，但政府失灵使财政在满足社会公共需要时面临着风险
公共性是财政的基本属性，也是财政活动要满足的基本要求	公共性是财政的基本属性，财政收入凭借的是国家的"公共权力"，财政支出均是用于"公共领域"，财政决策是一种"公共选择"过程。偏离了这些规范性要求或属性特征，财政安全将无从谈起
市场发育成熟度赋予财政个性化特征	财政安全要求财政根据市场发育成熟程度，把握财政对市场的干预程度和对经济建设的参与程度。财政应配合国家的产业发展战略，投资于有明显正外部效益和长远社会利益的领域，发挥引导和示范作用。同时，财政需处理好与国有经济的关系，既要引导国有经济的发展方向，也要为国有经济健康稳定发展保驾护航，但其出发点和落脚点均在于满足社会公共需求，而不是追求企业盈利

续表

	内容
市场发育成熟度赋予财政个性化职能	财政安全要求中国财政职能需符合社会主义市场经济的要求。鉴于中国的市场经济仍不是相对成熟的市场经济，财政安全要求财政职能致力于为发展市场经济提供必要的服务，包括弥补市场失灵，培育市场体系，满足公共需要，协调公平与效率，调节供需，激发市场主体和政府的积极性，但要警惕"反客为主"占据经济事务中心角色的风险，随着市场经济不断成熟，财政职能要相应转变
财政收支的对比关系决定着财政安全	评判财政的安全性，最直接的就是看财政收入与支出的对比关系，赤字与债务也能反映财政收支对比关系。在跨期财政平衡下，财政安全要求把握财政收支的合理规模和规范，把握财政收入与支出之间存在的数量关系，同时不断优化财政收支结构，将所有政府财政性收支均纳入财政预算管理，并且在地方政府性债务、财政赤字、政府采购、支出绩效等重点环节，注意防范风险
以问题为导向防范财政内生风险	蕴含财政内生风险的财政问题有：财政收入比例过低，财政支出结构及管理不合理，税制运行不完善，财政赤字压力沉重，信用风险增加等方面。这些问题分布于财政体制、财政政策、财政职能、财政运行的各个层面。财政安全要求对内生风险进行相应的风险成因机理分析、风险传导机制分析、财政风险的破坏和影响后果分析、建立财政风险预警体系，等等，在此基础上，有的放矢地推进财政体制机制改革和财政政策调整
在开放视角下防范财政外生风险	公共财政在防范内生风险的同时，还须防范外生或输入性风险；在本国公共物品提供之余且财力允许的前提下，积极参与全球性或区域性公共品的提供，增强国家财经话语权；推动国际税收协调，对国际税收竞争进行研判并提出预案，化解可能产生的风险；科学管理外债，防范外债风险
在财政体系框架下系统、全面地保障财政安全，在经济"新常态"条件下深化财税体制改革，化解财政风险及其他重大风险	构建以公共服务均等化为核心的财政体系，并在此基础上，形成财政安全理论框架，系统、全面地保障财政安全。这要求财政收支规模、结构合理，保证基本公共服务供给的水平和效率逐步提高；推动公共预算管理改革，构建预算绩效评价体系，使财政资源被准确地导向政府的施政重点和优先领域；明晰各级政府事权与财权，优化转移支付，建立科学合理的中央、地方公共服务供给分工合作的财政体制；完善各个层面的财政监督体系，发挥其应有的安全守护作用；建立行之有效的财政风险预警与防范、化解机制。此外在经济"新常态"条件下坚定不移地推动复杂而艰巨的财税体制改革，为国家治理提供可供依赖的基础和重要支柱，在保证自身安全的同时化解各种风险，实现时代赋予财政的使命

事实上，财政安全既有一般性，也有特殊性。作为一项应用型研究，需要立足中国基本国情，体现中国特色。因此，对财政安全所具有的基本特征，需要以既有的财政理论研究和实践经验为基础，具体基于党的十八届三中全会以来在财政基础理论层面所取得的新进展，结合新发展格局下的一系列新问题、新要求，对财政安全理论框架从总体上加以构建。

第一，以改革为出发点和归宿。

对财政安全的认识，需要把握一条关键线索——改革。因为只有在动态的改革中，把握财政自身的安全和发挥财政在政治、经济、社会、文化、生态"五位一体"中的安全维护功能才有意义。随着从计划经济到社会主义市场经济的经济体制转轨，中国财政理论从国家财政论发展到公共财政论，财政实践从经济建设财政发展到公共财政。当前，中国改革的任务是在市场经济条件下探索国家治理体系与治理能力现代化，财政理论的任务则是从公共财政理论发展到现代财政理论。与之相应，财政实践的任务则是从公共财政制度发展为现代财政制度。也就是说，财政理论与实践的背后有一条改革线索贯穿始终，所以改革也是构建中国财政安全理论框架的出发点和归宿。那么在现阶段的中国，关于财政安全的理论探讨也需要在现代财政制度的框架内展开，以全面深化改革为出发点和归宿。具体赋予财政安全如下改革特征和要求。

一是能够在安全的前提下为经济体制、政治体制、文化体制、社会体制和生态文明体制改革及其彼此联动提供财政保障。

二是能够在安全的前提下为实现国家治理体系和治理能力现代化提供财政保障，并且，财政能够成为国家治理体系的重要组成部分和提升国家治理能力的关键渠道。

三是与改革的动态特征相联动，不断深化对财政安全的认识，确保财政安全所涵盖的内容、要素、侧重点能够随着全面深化改革进程的推进不断调整。

四是能够适应"双循环"的新发展格局对财政提出的新要求，能够应对经济发展新常态带来的一系列挑战，能够贯彻新发展理念化解新发展阶段萌发的各种风险。

五是在借鉴成熟市场经济国家经验的基础上，明确现代财政制度的内涵与外延及其评价标准，从财政收入、财政支出、财政管理、财政体制等各角度对财政状况进行评价，发现并不断缩小现实与标准之间的差距，直至这一差距不再构成财政安全隐患。

第二，全面深入各领域。

财政安全具有全面性，与国家发展和社会生活的方方面面相联系，所以对财政安全的认识，在理清其关键线索之后，还要从"线"扩展到"面"。财政安全全面深入各领域的特征是由财政职能全面深入各领域所决定的。财政职能范围越广，风险借助财政传导的范围越大。所以，在财政可发挥作用的领域均需做好相应的安全防护，不能有所缺失。从社会主体来看，政府运行、企业运营、居民安居乐业均与财政安全相关。

1. 政府运行需要财政安全

国家治理体系和治理能力现代化必然需要由政府主导，而所有政府部门的运转都需要财政资金支撑，所有政府职能都需要依靠财政资金来实现，这就对财政安全提出了要求。如果分配到各政府部门的财政资金使用效率不高或者存在贪污、挪用等情况，不但财政资金的安全性得不到保障，还会因财政资金相对不足而影响政府运行，最终拖延国家治理现代化的进程。

2. 企业运营影响财政安全

财政与企业之间关系的纽带主要有三个：一是税，二是费，三是利。它们既是财政收入的来源，也直接影响到企业的运营。因此，其内在的财政安全要求自然也是企业运营所必需的。

在计划经济阶段，中国财政与企业的关系主要表现为"利的关系"。当时的经济类型主要是全民所有制和集体所有制，政府通过指令性计划和行政手段管理企业，企业完全按照政府计划生产，不考虑盈利，也不计成本，企业利润统一上缴财政，再按计划分配。由于当时税收不发达，企业上缴利润的多少左右着财政职能的发挥，也决定着财政是否处于安全的区间。

在从计划经济向社会主义市场经济体制过渡阶段，个体和私营企业开始兴起，政府从全能型向服务型转变。政府的公共管理职能和国有资产出资人职能逐渐分开，税收制度逐渐规范，财政与企业之间"税的关系"逐渐强化。但因是过渡时期，税收的作用被高估，"利的关系"迅速弱化，财政收入难以保证，财政安全受到威胁。为了提高财政收入，各种收费如雨后春笋般涌现，加上存在政府扩张冲动、多头管理、政出多门等情况，财政与企业之间"费的关系"急剧强化，甚至凌驾于"利的关系"和"税的关系"之上，企业负担重到危及生存，财政安全又受到"乱收费"的挑战。

在完善的市场经济体制下，政府职能转变成功，公共管理职能和国有资产出资人职能并重。过渡期的乱收费得到治理，财政与企业的分配关系得以规范，即"税的关系"是主流，普遍适用于所有企业，"利的关系"只存在于国有企业。此外，还存在部分合理的"费的关系"。但将所有收费纳入预算管理，不再是不受约束的预算外资金。虽然"税的关系""利的关系""费的关系"三条关系纽带分别被理顺，但从整体上看，中国以间接税为主体的税制结构决定了企业仍是主要纳税人（90%以上的税收收入来源于企业）；同时，非税收入仍占有较大比重，企业也是主要缴费者，企业税费负担仍然较重。因此，虽然表面上理顺了财政与企业的关系，但实质上对财政安全仍然有较大的威胁。

3. 居民安居乐业需要财政安全

随着中国社会主要矛盾转化为人民日益增长的美好生活需

要和不平衡不充分的发展之间的矛盾,现代财政制度需要致力于解决国民经济和社会总体上的不平衡不充分问题,但需要先解决自身在财政分配上的不平衡不充分问题。国家取得财政收入以后,通过预算安排用于保障和改善民生,其中相当大一部分以劳动报酬、直接或间接的生产生活补贴等形式转移给了城乡居民个人,成为城乡居民个人收入很重要的一个来源。为了保障居民安居乐业,财政职能导向需从效率走向公平。宏观上通过政府间转移支付制度,缩小城乡和地区间的差异;微观上通过完善社会保障体系,保证每个社会成员的基本生活水平和发展条件,并以税收调节个人收入差距。在全面建成小康社会的目标实现后,中国迈进全面建设社会主义现代化国家的新阶段,共同富裕作为社会主义的本质要求、中国式现代化的重要特征被全面提上日程,体现了新发展理念下新发展阶段构建新发展格局的要求。党的十九届五中全会明确提出"扎实推动共同富裕"要求,这是对国家治理的要求,也是对现代财政制度的要求,而在当前复杂的国际国内形势下,需要以保证安全为前提向前推进。从这一点来看,建立财政安全的理论框架并为实践提供支持更具紧迫性。

根据前文的论证,财政安全的理论框架需以财政安全内涵和中国财政安全特征为基础。在现代财政制度的框架下,应注入新发展理念、新发展阶段、新发展格局的内在要求。该框架应由以下部分构成:有效率的公共财政运行机制、适当的财政收支规模、合理的财政收支结构、有效的财政政策系统、权责明晰的财政体制、规范透明的公共预算管理制度、全方位的财政监督以及灵敏的财政安全监测预警机制,以改革为出发点和归宿,全面深入国民经济和社会生活。

(三) 国家财政安全与财政可持续发展

当今世界正处于"百年未有之大变局"中,中国经济面临的机遇和挑战并存。一方面，世界经济格局深刻调整，中国经济体量稳居世界第二位，在增长速度、经济结构、发展动力均实现转型的新常态下，克服新冠肺炎疫情的影响，2021年仍实现了8.1%的增长；另一方面，中国经济优异成绩单的背后也不无隐忧，其中最重要的就是财政面临可持续发展的压力。财政作为国家治理的基础和重要支柱，在内外交困的形势下稳稳支撑起中国经济实现可持续发展。据统计，"十三五"时期中国累计减税降费超7.6万亿元，2021年新增减税降费超1万亿元。①

虽然连续多年的大规模减税降费保障了经济平稳渡过难关，但也令财政能否可持续发展、如何可持续发展问题受到越来越多的关注，以至于连续两年的中央经济工作会议分别为2021年和2022年积极财政政策定调为"提质增效、更可持续"和"提升效能，更加注重精准、可持续"。事实上，财政可持续是发展范畴的问题，而在国家统筹发展和安全的大政方针下，需要将财政可持续发展与财政安全统筹考虑。

财政部部长刘昆从财政支持新发展格局构建的角度将发展和安全统筹考虑，并将支持安全发展作为财政发挥具体职能的落脚点。刘昆指出，财政要服务构建新发展格局全过程各方面，推动质量、效率和动力变革，努力实现更高质量、更有效率、更加公平、更可持续、更为安全的发展，为加快培育完整内需体系、科技创新、全产业链优化升级、农业农村优先发展、改善民生等方面提供财政支持，与此同时，着力防范化解风险、支持安全发展。②

高培勇对财政可持续做了两方面的解释：一是财政应起到弥补市场失灵的作用，促进经济社会的可持续发展；二是财政

---

① 《去年财政收支"成绩单"公布 全国一般公共预算收入突破二十万亿元》，《人民日报》2022年1月26日第3版。

② 刘昆：《积极发挥财政职能作用 推动加快构建新发展格局》，《学习时报》2020年12月11日第1版。

自身的运行应具有可持续性,能够有效控制财政风险。[1] 高培勇认为安全是"底线思维",财政安全是安全的最后一道防线,从地方政府债务、财政赤字等方面判断,当前中国财政安全状况颇为严峻;提出在保障财政运行可持续的基础上,为构建新发展格局系上"安全绳",要在财政形势分析、对财政政策"双重"功能定位、对减税降费实质的把握、税制改革结构性推进、财政扩张效果评估五个方面做到"全面而充分"。[2]

如前文所述,当前中国财政收支矛盾较为尖锐,经济新常态、减税降费导致的财政收入大幅减少与支出刚性增长共存。为缓和财政收支矛盾不得不依靠发债,但是在庞大的债务存量的基础上,继续发债的风险较难把握,不但财政可持续发展的要求难以满足,财政安全底线也有可能被突破。尤其是2020年以来,在财政安全发展艰难前行的状态下叠加了新冠肺炎疫情的冲击,中国财政形势更加严峻。财政政策需要强而有力地应对疫情对经济社会的全面影响,既要维护公共安全、稳定社会秩序,还要促进经济恢复、提供增长动力;既发挥兜底功能,也发挥刺激功能。[3] 在强而有力的财政政策和财政资金的支持下,中国迅速而有效地控制住疫情的蔓延并尽快复工复产,经济很快复苏。但是在此过程中财政因"大动干戈"而造成"元气"较大程度的损伤,即通过提高赤字率和增发国债、地方专项债、变卖资产筹集收入等来稳增长、抗疫情,导致财政安全受到较大程度的威胁。这也是为什么国家在如此特殊的时期提出统筹发展和安全,因为财政安全不但是经济安全的最后一

---

[1] 高培勇:《当前财政形势与财政安全》,《中国审计》2008年第24期。

[2] 高培勇:《构建新发展格局:在统筹发展和安全中前行》,《经济研究》2021年第3期。

[3] 吕冰洋、李钊:《疫情冲击下财政可持续性与财政应对研究》,《财贸经济》2020年第6期。

防线，也是国家安全的最后一道防线。只有在保证财政安全的基础上实现财政可持续发展，财政才有能力为国家各领域安全提供保障，全力支持经济社会可持续发展。

四 中俄财政安全状况评估与比较

在当今世界，大国财政面临的发展环境更为严峻，肩负的任务更加繁重，大国财政安全的重要性更加突出。近年来，中国和俄罗斯均积极发展大国财政，在此过程中充分重视对大国财政安全的维护。中俄两国都经历了从高度集中的计划经济体制向市场经济体制转型的过程，但因分别选择渐进式道路和激进式道路，转型结果截然不同。财政作为推动市场化改革的重要手段，在两国市场化进程中都发挥了非常重要的作用。随着新时代中俄全面战略协作伙伴关系的升华，中俄两国的战略协作也迈上新台阶。无论哪个领域的协作均离不开两国财政的参与，两国的财政安全不仅关系到本国安全与发展，也关系到对方的安全与发展以及两国关系的深化。因此，评估与比较中俄两国的财政安全状况，以此作为两国制定与实施财政政策、防范与化解财政风险的基础，具有非常重要的意义。

（一）中俄关于统筹财政发展和安全的理论研究

无论是在积极构建新发展格局的中国，还是处于战争和对外关系恶化泥沼的俄罗斯，财政安全作为安全的最后一道防线、发展的重要基础，都变得异常重要，这在理论研究方面深有体现。

1. 中俄财政安全理论研究背景

2021年，中国十三届全国人大四次会议通过《关于国民经济和社会发展第十四个五年规划和2035年远景目标纲要的决议》（简称"十四五"规划），是一份突出安全理念的发展规划。不但将"统筹发展和安全"作为重要的指导思想，将"必须把新发展理念贯穿发展全过程和各领域，实现更高质量、更有效率、更加公平、更可持续、更为安全的发展""实现发展规模、速度、质量、结构、效益、安全相统一"作为必须遵循的原则，还将"统筹发展和安全 建设更高水平的平安中国"作为整个规划的第十五篇，并从加强国家安全体系和能力建设、强化国家经济安全保障、全面提高公共安全保障能力、维护社会稳定和安全等方面提出未来五年的具体发展规划。从中可以看出，"安全"是"十四五"时期中国经济社会发展的重要目标之一，也是发展水平的重要考量。

在俄罗斯，安全问题更加突出。俄罗斯长期受到北约东扩的威胁，长期面对恐怖主义、极端主义的挑战，因颜色革命而政权更迭的周边国家也与俄罗斯渐行渐远，地缘政治安全形势日趋恶化，财政在维护国家安全稳定方面的成本很高，财政面临较高风险。同时，俄罗斯经济结构相对单一，对资源出口依赖性较强，资源配置欠均衡，贫富差距较大，经济发展相对缓慢，财政履行资源配置、收入分配、经济稳定与发展职能的压力均较大，这样的压力持续威胁着财政安全。新冠肺炎疫情给俄罗斯经济社会带来全方位冲击，和各国一样，财政用于突发公共卫生事件的支出激增，财政除了疫情防控，还要稳定经济，财政收支压力和矛盾迅速加大。随着俄乌冲突持续激化并最终演变为战争，财政安全问题更为突出。除了巨额军费、抚恤金等直接性财政支出，还有因西方国家的大规模制裁造成的间接性财政支出。无论是资本封锁、商品封锁，还是国民财富大规模缩水，都对财政安全提出极为严峻的挑战。

因此，两国学者在解读统筹发展和安全时往往更侧重安全，本书也一样。其原因是从建立健全市场经济体制目标确立之日起，发展就是中国不变的时代主题，围绕发展主题在各领域进行了不断深化的改革。而当面对世界百年未有之大变局，新冠肺炎疫情又加速了世界格局的改变时，各种安全问题迅速浮出水面。财政作为国家治理的基础和重要支柱，需要对此迅速做出反应，为国家治理筑牢安全网。在此过程中，更需要确保财政自身的安全。因此，关于统筹发展和安全的财政研究，在一以贯之的发展主题和当前凸显的安全问题之间，学者做出了基本一致的侧重——财政安全优先。

2. 关于中国"十四五"时期统筹财政发展和安全的理论研究

由于前文对中国财政理论中的安全线索已经较为深入地挖掘，并且最终形成了完整清晰的理论框架，所以本部分仅对"十四五"时期统筹财政发展和安全的相关研究进行梳理。中国学者对"十四五"时期国际国内环境将复杂化、形势将严峻化的判断基本一致，并尽可能从全球视野、大国财政立场对财政安全问题进行研究。

冯俏彬以全球经济形势和发展趋势为大背景，对中国财政收支走势加以研判，得到的结论是"十四五"时期中国财政可持续发展和财政安全将面临改革开放以来的一次大考，并进一步认识到统筹财政发展和安全的必要性和重要性。[①] 提出建设"安全财政""功能财政""绩效财政""整体财政"的思路，其中的"安全财政"旨在将财政安全作为"十四五"时期中国财政工作的主线之一。在财政自身安全的内涵下，将外延拓展至经济社会整体

---

① 冯俏彬：《"十四五"时期我国财政治理与2021年财政政策前瞻》，《中国财政》2021年第2期。

的发展和安全保障。并具体从财政收支和债务管理、财政增收政策研究储备、现代财政管理、财政体制改革等方面，探讨如何以财政安全和发展保障经济社会整体安全和发展。①

白彦锋认为随着经济全球化程度的提高、中国经济转型升级，"十四五"时期中国财政安全面临着在传统视域无法预见、难以克服的风险挑战。其中，两方面具有外生性：一是威胁财政可持续发展的"中等收入陷阱"和"高收入之墙"，二是危及财政汲取能力和发挥宏观调控职能的数字经济；两方面具有内生性：一是观念意识层面对财政风险的认识，二是传统与现代衔接过程中税收调节功能减弱，表现为传统税基相对萎缩和现代化税基可控性相对不足。应对这些风险挑战需要财政以自身创新激励整体创新，构建现代数字税收和绿色税收体系；同时要防范化解短期和长期风险，完善应急财政机制和支持人口政策落实。②

此外，一些前期有价值的研究对于"十四五"时期筑牢中国财政安全网仍具有重要意义。刘尚希等重视外部冲击的破坏性，提出要充分发挥财政抵御外部冲击的作用，在复杂的国际形势中维护中国经济安全，防止外部环境触发中国经济风险链多米诺骨牌。③曹斯蔚分析了减税降费、疫情冲击、人口老龄化等影响财政收支及其可持续的长期因素与短期因素。这些因素对中国税制、土地财政、政府债务、基础设施投资、社会保障

---

① 冯俏彬：《"十四五"中国财政前瞻：统筹发展和安全》，《地方财政研究》2021 年第 1 期。
② 白彦锋：《"十四五"时期我国财政安全运行面临的风险挑战与应对策略》，《当代财经》2021 年第 6 期。
③ 刘尚希、傅志华、李成威：《复杂国际形势：对经济安全的严重冲击与财政作用》，《财政科学》2019 年第 4 期。

等多领域产生综合性影响，威胁着中国财政安全。① 财政资金安全是财政安全的基础，刘晓青发现中国财政资金使用与管理在内控制度、国库管理、预算编制和执行、信息系统管理、监督体系等方面存在着安全隐患。② 2019 年财政部发布《关于切实加强地方预算执行和财政资金安全管理有关事宜的通知》（财库〔2019〕49 号），关注到个别地方财政资金安全隐患主要体现在三个方面：一是国库集中支付制度关于资金支付和清算管理的规定缺失，二是财政资金存放和国库现金管理的体制机制尚不够规范，三是国库集中支付制度的相关规定未被严格执行。

3. 俄罗斯关于财政发展和安全的理论研究

近年来，俄罗斯学者对财政问题较为关注。尽管专门关于财政安全问题的研究并不多见，但能够从定性和定量、联邦整体和地方等不同维度对财政存在的问题进行研究，其实是发现了财政安全线索或隐患。

希纳霍夫和扎诺科娃以问题为导向，发现俄罗斯财政系统的安全隐患主要有三个方面：一是国民经济对能源严重依赖，导致财政对能源严重依赖，能源安全直接影响财政安全；二是影子经济长期存在，一方面直接冲击国家财政收入，另一方面造成扭曲市场、限制中小型企业发展等后果，间接侵蚀了财政收入来源；三是居民收入差距扩大，对经济发展和社会稳定带来不利影响，给财政再分配提出较高要求，财政面临较大压力。③

---

① 曹斯蔚：《新形势下的我国财政可持续性问题研究》，《区域金融研究》2020 年第 12 期。
② 刘晓青：《财政资金安全现状分析》，《中国财经报》2016 年 10 月 11 日第 8 版。
③ Шинахов А. А., Жанокова Э. М. Современные проблемы финансовой системы РФ и методы их решения //Актуальные вопросы экономических наук, 2016, № 50 – 2, С. 73 – 77.

库德林和索科洛夫以及库德林和克诺贝尔基于经济与财政的交互影响，研究财政安全与经济安全之间的交互影响。他们认为财政政策是助推经济快速增长最有效的方式之一，是经济增长的源泉。近年来，俄罗斯经济增长动力不足和国家经济结构失衡则是由财政结构的非合理化导致的。这说明财政结构失衡造成了财政安全隐患，并在经济领域传导，阻碍经济发展并威胁经济安全。他们通过实证分析，测算了财政支出结构对经济的影响，结论表明：财政生产性支出比非生产性支出对 GDP 有更大的乘数效应，财政资源从非生产性支出到生产性支出的再分配可以使长期经济增长率每年提高约 0.8 个百分点；而 2011—2017 年财政资源的非合理化再分配对俄罗斯的经济增长率产生了年均约 0.3 个百分点的负面影响。为此，需要在确保财政收支平衡（即确保财政安全）的前提下，调整财政支出结构。一方面，加大财政对生产部门支出的比重，承担其部分人力及物力成本；另一方面，对于财政对非生产部门的支出则需进行持续优化。[①]

库德林和德里金发现俄罗斯地方财政存在自主权和均衡性过度缺失问题，导致联邦主体区域经济发展差距持续扩大，这与地区间财政补贴水平存在较大差距、高负债地区债务的持续扩张、地方财政管理缺乏灵活性和必要的弹性直接相关。他们从处理政府间财政关系的角度提出解决思路，在建立健全地方财政预算管理制度的基础上，由联邦政府出台能够直接影响地方层面财政预算的法律法规，并且建立一套有效的内控机制来加强财政预算规章制度的落实，其中包括地方财政责任制和面

[①] Кудрин А. Л., Соколов И. А. Бюджетный маневр и структурная перестройка российской экономики // Вопросы экономики, 2017, № 9, С. 5–27. Кудрин А. Л., Кнобель А. Ю. Бюджетная политика как источник экономического роста // Вопросы экономики, 2017, № 10, С. 5–26.

向地方政府的奖惩机制。①

米纳科夫认为财政安全与预算执行、财政覆盖率、税收水平、财政赤字水平、商业活动财政保障、人均财政保障等一系列变量相关,以此从财政稳定性的角度对莫斯科市、莫斯科州和普斯科夫州的财政安全进行了评估。结果表明:2015—2019年,财政发展最为稳健的为莫斯科市,其次是莫斯科州,除财政指标外,莫斯科州的各项经济指标在整个联邦来看均较优,而普斯科夫州相比其他两个地区各项评价指标均具有较大差距。相对于2015年的评价结果,2019年三地的财政稳定性均有不同程度的下降。②

此外,中国学者也关注俄罗斯财政安全,选取的角度基本是预算稳定和平衡机制。刘彦君、米军认为,俄罗斯自实行预算稳定基金制度和"以绩效为导向"的中期预算改革以来,财政风险披露和管理能力得到显著提高;俄罗斯还建立对财政风险关键来源的中央控制,例如对联邦政府发行的债务、信用和担保及各级政府的借款进行年限管理。③ 田雅琼分析了俄罗斯预算稳定机制如何对冲新冠肺炎疫情风险,指出俄罗斯稳定基金弥补了因油价下跌造成的财政资金短缺,及时为经济部门注入资金,有效发挥了平抑经济波动、保障国家预算平衡的积极作用。④

---

① Кудрин А. Л., Дерюгин А. Н. Субнациональные бюджетные правила: зарубежный и российский опыт//Экономическая политика, 2018, Т. 13, № 1, С. 8 – 35.

② Минаков А. В. Оценка современного состояния финансовой устойчивости бюджетной системы России//Вестник Евразийской науки, 2020, Т. 12, № 3, С. 1 – 12.

③ 刘彦君、米军:《中俄财税制度改革的比较与借鉴》,《财经问题研究》2015年第11期。

④ 田雅琼:《俄罗斯预算稳定机制对冲新冠疫情风险的作用及启示》,《地方财政研究》2021年第6期。

（二）中俄财政运行安全状况评估与比较

无论从两国的历史渊源来看，还是从两国新时代全面战略协作伙伴关系来看，中俄两国具有较强的可比性。尤其是在特殊时期，对两国财政安全的评估与比较具有非常重要的现实意义。由于可获得的俄罗斯财政数据有限，与中国统计口径也有差异，因此本部分的评估与比较并不追求十分深入和具体，仍是在线索层面发现问题、分析问题并思考解决问题的思路，以期抛砖引玉。

1. 中国财政安全状况评估

2021 年中国财政运行形势向好，已经进入良性的可持续发展的轨道，然而国内外经济形势的变化，让我们并不能对当前财政安全做出乐观判断。

（1）基于财政收支的评估

从财政收入来看，根据财政部发布的数据，2021 年，全国一般公共预算收入为 202539 亿元，同比增长 10.7%。其中，中央一般公共预算收入为 91462 亿元，同比增长 10.5%；地方一般公共预算本级收入为 111077 亿元，同比增长 10.9%。全国税收收入为 172731 亿元，同比增长 11.9%；非税收入为 29808 亿元，同比增长 4.2%。[1] 而 2020 年上述各项收入数据均出现同比下降的情况，可以看出 2021 年中国经济已成功从新冠肺炎疫情的冲击中复苏并呈加速增长态势。如不考虑 2020 年疫情影响，2021 年中国一般公共预算收入较 2019 年增长 6.4%。其中，中央收入和地方收入分别增长 2.4% 和

---

[1] 《关于 2021 年中央和地方预算执行情况与 2022 年中央和地方预算草案的报告》，2022 年 3 月 14 日，财政部网站，http://www.mof.gov.cn/zhengwuxinxi/caizhengxinwen/202203/t20220314_3794760.htm。

9.9%，全国税收收入增长9.3%，非税收入下降8.0%。① 这说明中国财政收入可持续发展情况良好。受经济稳定恢复和价格上涨带动影响，在实施各项减税降费政策的前提下，2021年税收收入仍实现较快增长，国内增值税、国内消费税、企业所得税等主体税种分别同比增长11.8%、15.4%、15.4%，较2019年分别增长1.9%、10.5%、12.7%。②

从财政支出来看，2021年，全国一般公共预算支出为246322亿元，同比增长0.3%。其中，中央一般公共预算本级支出为35050亿元，同比下降0.1%；地方一般公共预算支出为211272亿元，同比增长0.3%。③ 相比2020年，财政支出增速整体放缓。如不考虑2020年疫情影响，2021年中国一般公共预算支出较2019年增长3.1%。其中，中央支出下降0.2%，地方支出增长3.7%。④ 结合近三年数据来看，中央一般公共预算支出持续下降，地方公共预算支出持续上涨。中央一般公共预算支出的下降一定程度上说明"党政机关过紧日子"的要求执行到位，"三公"经费预算压缩，大力推动财力下沉以保障基层财政运行，财政资源更有效地用在"刀刃"上。2021年，

---

① 《关于2019年中央和地方预算执行情况与2020年中央和地方预算草案的报告》，2020年5月30日，财政部网站，http：//www.mof.gov.cn/gkml/caizhengshuju/202005/t20200530_3523307.htm。

② 《2019年财政收支情况》，2020年2月10日，财政部网站，http：//gks.mof.gov.cn/tongjishuju/202002/t20200210_3467695.htm；《2021年财政收支情况》，2022年1月29日，财政部网站，http：//gks.mof.gov.cn/tongjishuju/202201/t20220128_3785692.htm。

③ 《关于2021年中央和地方预算执行情况与2022年中央和地方预算草案的报告》，2022年3月14日，财政部网站，http：//www.mof.gov.cn/zhengwuxinxi/caizhengxinwen/202203/t20220314_3794760.htm。

④ 《关于2019年中央和地方预算执行情况与2020年中央和地方预算草案的报告》，2020年5月30日，财政部网站，http：//www.mof.gov.cn/gkml/caizhengshuju/202005/t20200530_3523307.htm。

教育、科学技术、社会保障和就业支出分别同比增长3.5%、7.2%、3.4%，均高于总体支出增幅，说明财政资源向民生保障和科技创新领域倾斜。①

表4.1　　　　　中国2019—2021年财政收支额　　　（单位：亿元）

	2019年	2020年	2021年
全国一般公共预算收入	190382	182895	202539
中央一般公共预算收入	89305	82771	91462
地方一般公共预算收入	101077	100124	111077
全国税收收入	157992	154310	172731
全国非税收入	32390	28585	29808
全国一般公共预算支出	238874	245588	246322
中央一般公共预算支出	35115	35096	35050
地方一般公共预算支出	203759	210492	211272

资料来源：财政部网站。

（2）基于政府债务的评估

除了关注财政运行中直接体现的财政收支矛盾，对财政安全的评估还需要关注政府债务问题。中国中央国债管理水平逐步提升，2021年全年发行内债6.79万亿元，同比下降4.2%，国债筹资成本有所降低，发行结构控制在合理区间，为满足中央财政筹资需要提供了坚实保障。② 与此同时，地方政府债务管理也取得显著成效。2021年，全国人大批准新增地方政府专项

---

① 《2021年财政收支情况》，2022年1月29日，财政部网站，http://gks.mof.gov.cn/tongjishuju/202201/t20220128_3785692.htm。
② 《2021年中国财政政策执行情况报告》，2022年2月27日，中国政府网，http://www.gov.cn/xinwen/2022-02/27/content_5675913.htm。

债券额度 3.65 万亿元，实际发行 3.43 万亿元，占下达额度的 98%，实现规模控制；① 在额度分配上注意权衡地方财力水平和债务风险程度，保证额度与风险成反比，实现结构控制。由此可见，中国地方政府债务虽仍呈规模扩张趋势，但扩张速度和债务风险得到合理控制，对财政安全的威胁可控，且重点应需着力降低地方政府隐性债务对财政安全的威胁。

2014 年在《关于加强地方政府性债务管理的意见》（国发〔2014〕43 号）和《地方政府存量债务纳入预算管理清理甄别办法》（财预〔2014〕351 号）的基础上，中国对地方政府性债务进行了认定，2014 年年底地方政府债务余额为 15.4 万亿元，或有债务余额为 8.6 万亿元。② 其中，15.4 万亿元纳入全国人大常委会批准的债务限额，在预算内以地方政府债券置换的形式逐步化解。而对于 8.6 万亿元的存量或有债务，其处置方法则体现在《国务院办公厅关于印发〈地方政府性债务风险应急处置预案〉的通知》（国办函〔2016〕88 号）和《财政部关于印发〈地方政府性债务风险分类处置指南〉的通知》中，存量或有债务的债务形式被确认为银行贷款、建设—移交（BT）、企业债券、信托、个人借款，并被分为政府出具无效担保合同和政府可能承担救助责任两类，分不同方式进行处置。对于前者，政府仅依法承担适当民事赔偿责任，但最多不应超过债务人不能清偿部分的 1/2；对于后者，地方政府可以根据具体情况实施一定救助，但保留对债务人的追偿责任。

由于中国现行财政体制下的政府间关系有待理顺，收入向上集中、支出向下集中的情况仍然存在，一些地方政府可支配

---

① 《2021 年中国财政政策执行情况报告》，2022 年 2 月 27 日，中国政府网，http://www.gov.cn/xinwen/2022-02/27/content_5675913.htm。

② 《底数多大？风险几何？能否偿还？——三问中国地方政府债务》，2015 年 8 月 29 日，中国政府网，http://www.gov.cn/xinwen/2015-08/29/content_2921965.htm。

收入不足以满足支出需求,加之地方政府存在内在的扩张冲动,纳入预算管理的地方政府债券发行配额相对不足,造成这些地方政府隐性债务加速膨胀。地方政府具体通过以下渠道进行隐性债务融资:以政府出资或通过借贷设立各类投资基金、政府产业基金,对股权投资额外附加条款变相举债(如有限合伙制基金);利用PPP等方式变相举债,包括向社会资本方承诺最低收益,承诺回购社会资本方的投资本金或承担社会资本方的投资损失,设立或支持其他违法违规PPP项目,包括棚改融资;依赖政府补贴为还款来源的项目融资;平台公司存量隐性债务到期后无法正常续借,转而选择信托、融资租赁等渠道进行融资。地方政府隐性债务形式隐蔽、规模庞大、治理困难,严重威胁中国财政安全。目前中国尚未公开相关官方统计数据,但据学者和机构从不同角度进行推算,2020年年末中国地方政府隐性债务规模约在20万亿—40万亿元左右。[1] 并且其规模增长迅速,年均增量约为8万亿元,年均增速超过了77%。[2] 如果实际增长速度如此之快,那么目前地方政府隐性债务已经远超过安全警戒线,严重威胁中国财政安全。

地方政府隐性债务问题的产生有很深的体制根源。1994年的分税制改革划分了中央和地方的财政收支范围,中央财政收入范围广、收入占比大,而支出责任多由地方分担;地方财政支出责任多而财政收入范围窄、收入占比小,存在收入与支出责任划分不匹配的问题。由于地方政府不能通过增设地方税种或调整税率的方式来增加地方财政收入,为使收入满足支出需要,对通过土地出让和发债取得收入具有严重依赖性。但由

---

[1] 池光胜、陈雨田:《地方政府隐性债务专题(一):隐债的界定与监管变迁》,2022年1月16日,新浪网,http://stock.finance.sina.com.cn/stock/go.php/vReport_Show/kind/10/rptid/695635786535/index.phtml。

[2] 《姜超:地方政府隐性债务规模有多大?》,2018年7月31日,格隆汇资讯,https://www.gelonghui.com/p/196546。

于土地出让受到土地资源、土地市场及逐渐攀升的补偿成本限制，地方政府债券发行也有限额，这两项收入越来越有限，不再能承担起地方政府弥补收支缺口的任务，迫使地方政府采取各种形式的变相举债，导致地方政府隐性债务加速膨胀。

（3）基于财政发展形势的评估

2022年，随着新冠肺炎疫情在全国多地出现新一轮反弹，并呈加速传播趋势，基于安全考虑国家不得已采取较为严格的阻断措施。疫情对经济造成的影响主要表现为供应链不畅，市场主体活力降低，部分企业生产经营陷入困境，形成新的经济下行压力。对于财政来说，需要加大积极财政政策力度对冲经济下行压力，在财政收入增长不确定性加大的前提下继续实施减税降费政策；同时，在财政支出刚性的前提下全力支持疫情防控，从而形成新的财政收支矛盾，威胁财政安全。财政部部长刘昆在中央经济工作会议上指出，2022年要扩大财政支出规模，大力优化支出结构，重点支持科技攻关、生态环保、基本民生、区域重大战略、现代农业和国家"十四五"规划重大项目。中国构建"双循环"新发展格局也离不开财政支出的支持。一方面为扩大内需，政府会投入更多资金用于社会保障和社会救助，提高居民可支配收入水平和消费水平；另一方面为推动供给侧结构性改革，政府将财政支出用于科技创新领域，扶持战略性新兴产业发展。此外，俄乌战争对世界经济影响大，全球产业链和供应链受阻、资本流动受阻、统一市场加速分裂，通货膨胀在全球范围蔓延。世界经济风险必然波及中国，而经济风险传导的终点是财政，为了抵御风险，财政支出会面临更大的压力。由此可见，2022年中国财政安全处于内外交困的局面，需要采取措施，通过维护财政安全来筑牢国家安全底线。

此外，中国地区间财力差距也威胁着财政安全。经济发达的东部地区财政富余，而经济欠发达的中西部地区财政收入紧张,赤字压力大。财政能力的不均衡与区域协调发展之间存在矛盾,使得转移支付所承担的压力较大。但中国转移支付还存在阻碍其有效发挥作用的结构问题,需要从制度层面与事权、财权、支出责任一并优化。

2. 俄罗斯财政安全状况评估

为了增强可比性,本部分也将按照财政收支、政府债务、财政发展趋势对俄罗斯财政安全状况进行评估。由于俄罗斯财政发展具体情况与中国不同,相关数据背后深藏着一些问题,因此,相关分析与中国相比将更加具体深入。

(1) 基于财政收支的评估

根据俄罗斯财政部公布的财政收支数据,2006—2020年的15年,俄罗斯公共预算有7年出现盈余,有8年出现赤字,且2013—2017年连续5年出现赤字,在2018—2019年扭转了连年赤字的局面,但15年间赤字总体超过盈余。2020年遭遇新冠肺炎疫情和国际原油价格暴跌,俄罗斯公共预算陷入更大的赤字——当年赤字超过4万亿卢布。收入较2019年缩减1.3万亿卢布,同比下降3.3个百分点;支出较2019年增加4.8万亿卢布,同比上升12.8个百分点。2021年随着经济复苏,公共预算重新出现盈余,却并未恢复到2019年的水平,主要原因是公共预算支出较2019年增长了25.9%,尽管公共预算收入较2019年增长21.8%,但弥补了2020年4.3万亿卢布的赤字后,只剩下1万亿卢布的盈余。当然,这在疫情尚未得到根本性控制的前提下已经实属难得了。需要警惕的是,2021年俄罗斯公共预算支出较2020年又增长近5万亿卢布,说明抗疫阶段的特别支出也形成了支出刚性,如果不及时采取措施有序终止抗疫特别支出,将对财政造成较大压力,威胁财政安全(见表4.2)。

表 4.2　　　　　　　　俄罗斯财政收支情况　　　　　（单位：十亿卢布）

	公共预算收入	公共预算支出	联邦预算收入	联邦预算支出	联邦主体公共预算收入	联邦主体公共预算支出	公共预算收支盈余（+）/赤字（-）
2006 年	10625.8	8375.2	6278.9	4284.8	3797.3	3657.8	+2250.6
2007 年	13368.3	11378.6	7781.1	5986.6	4828.5	4790.5	+1989.7
2008 年	16169.1	14157.0	9275.9	7570.9	6198.8	6253.1	+2012.1
2009 年	13599.7	16048.3	7337.8	9660.1	5926.6	6255.7	-2448.6
2010 年	16031.9	17616.7	8305.4	10117.5	6537.3	6636.9	-1584.7
2011 年	20855.4	19994.6	11367.7	10925.6	7644.2	7679.1	+860.7
2012 年	23435.1	23174.7	12855.5	12895.0	8064.5	8343.2	+260.4
2013 年	24442.7	25290.9	13019.9	13342.9	8165.1	8806.6	-848.2
2014 年	26766.1	27611.7	14496.9	14831.6	8905.7	9353.3	-845.6
2015 年	26922.0	29741.5	13659.2	15620.3	9308.2	9479.8	-2819.5
2016 年	28182.5	31323.7	13460.0	16416.4	9923.8	9936.4	-3142.1
2017 年	31046.7	32395.7	15088.9	16420.3	10758.1	10810.1	-1349.1
2018 年	37320.3	34284.7	19454.4	16713.0	12392.5	11882.2	+3035.6
2019 年	39497.6	37382.2	20188.8	18214.5	13572.3	13567.6	+2115.3
2020 年	38205.7	42150.9	20379.0	19503.0	14901.0	15577.0	-4297.3
2021 年	48118.4	47072.6	25286.5	24771.8	17546.3	16885.6	+1045.8

资料来源：Министерство Финансов Российской Федерации. Режим доступа：https：//minfin. gov. ru/ru/statistics/，а также объем ВВП Российской Федерации из данных Росстата. Режим доступа：http：//global-finances. ru/vvp-rossii-po-godam/. Дата обращения：15.04.2021 г.

从公共预算收支分布来看，经表 4.2 数据计算，联邦收入占比从 2006 年的 59.1% 降至 2020 年的 53.3%，联邦支出占比从 2006 年的 51.2% 降至 2020 年的 46.3%；联邦主体收入占比从 2006 年的 35.7% 升至 2020 年的 39.0%，联邦主体支出占比从 2006 年的 43.7% 降至 2016 年的 31.7%，又升至 2020 年的 37.0%；基层政府收入占比从 2006 年的 5.2% 升至 2016 年的 17.0%，又降至 2019 年的 14.5%，2020 年进一步降至 7.7%，基层政府支出占比从 2006 年的 5.2% 升至 2019 年的 15.0%，2020 年又进一步升至 16.8%。2021 年，联邦收入占比同比下降 0.8 个百分点至 52.6%，联邦支出占比同比上升 6.4 个百分点至 52.6%；联邦主体收入占比同比下降 2.5 个百分点至 36.5%，联邦主体支出占比同比下降 1.1 个百分点至 35.9%；基层政府收入占比上升 3.3 个百分点至 11.0%，基层政府支出占比下降 5.3 个百分点至 11.5%。

由此可见，尽管联邦收支仍是俄罗斯公共预算的主体，但 2021 年以前占公共预算收支的比重下滑，联邦的宏观调控能力将因此相对下降，加之收入占比下降幅度大于支出占比，联邦财政形势不利于财政安全；2021 年收入占比继续下降，支出发展趋势则大幅逆转，尽管在支出侧一定程度上提高了联邦的宏观调控能力，但这种变动趋势加大了联邦财政收支本身的矛盾，仍然不利于联邦本级财政安全。2021 年以前，联邦主体收入占比上升，支出占比下降，财政发展趋势有利于联邦主体本级财政安全；2021 年，其收入占比和支出占比双双下降，且收入占比下降幅度大于支出占比下降幅度，这种变动趋势既令联邦主体财政在总体上弱化，也加大了联邦主体财政收支的矛盾，对本级财政安全产生双重威胁。新冠肺炎疫情发生前，基层收入占比几乎与支出占比同步提升，说明俄罗斯财政呈向下分权趋势，有利于提高基层财政的积极性、自主性，长期看财政形势有利于财政安全，但联邦和联邦主体两级政府的财政支出占比均下降，说明财政支出压力向基层政府传导，成为影响财政安全的不利因素；新冠肺炎疫情发生后，基层财政占比开始调整，2020年基层收入占比大幅下降，基层支出占比增长，收支矛盾显著增大，2021年基层收入占比上升，支出占比大幅下降，2020年产生的收支矛盾有较大缓和（见图4.1）。

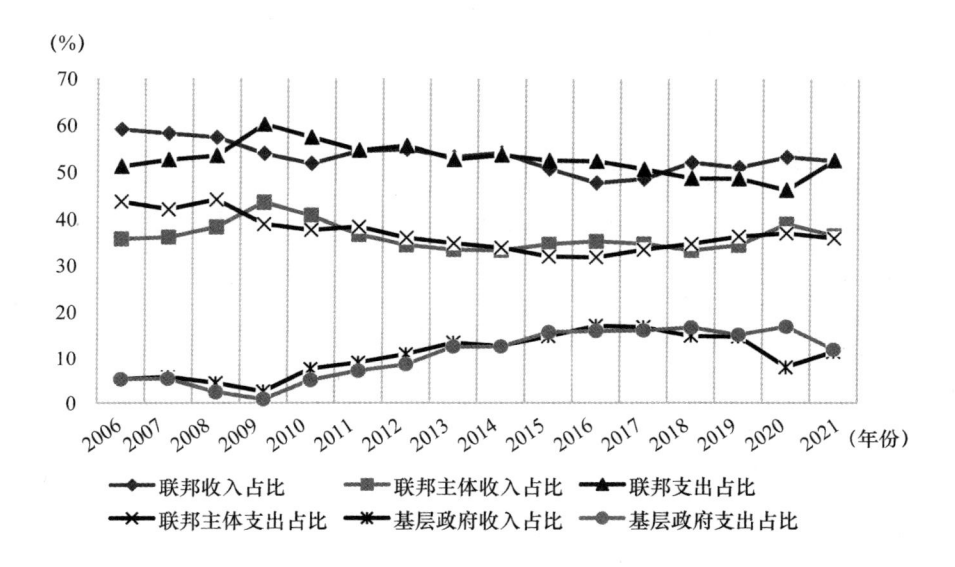

图 4.1 俄罗斯财政收支在各级政府间的分布

资料来源：Министерство Финансов Российской Федерации. Режим доступа: https://minfin.gov.ru/ru/statistics/，а также объем ВВП Российской Федерации из данных Росстата. Режим доступа: http://global-finances.ru/vvp-rossii-po-godam/. Дата обращения: 15.04.2021 г.

从结构来看，在新冠肺炎疫情暴发前的2019年，俄罗斯公共预算收入中强制性社会保险收入、自然资源税、企业利润税、增值税、个人所得税的比重分别为20.7%、15.8%、11.5%、10.8%、10.0%，五项收入合计约占公共预算总收入的七成。[①] 2020年新冠肺炎疫情暴发，俄罗斯各项财政收入大幅缩减。其

---

① Федеральная служба государственной статистики (Росстат), Финансы России 2020. Статистический сборник.

中，税收收入同比下降9.7个百分点，强制社会保险下降1个百分点，不得不寻求通过加强非税收入和预算外收入来对冲预算收入普遍缩减的影响，非税收入和预算外收入规模较2019年扩大1421亿卢布，同比增长3.0%。① 预算收入下降、预算外收入增长以及税收收入下降、非税收入增长，这样的财政收入结构变化对于财政安全来说非常不利。

此外，俄罗斯财政对石油天然气收入的依赖很大，据俄罗斯财政部统计数据计算，从平均值来看，2016—2021年俄罗斯与石油天然气相关的财政收入占联邦财政收入和俄罗斯公共财政总收入的比重分别为35.2%和18.9%。不考虑2020年新冠肺炎疫情的影响，上述两个比重分别为37.1%和19.9%，其中2016—2018年呈上升趋势，2018年达最高值46.4%和24.2%后转入下降趋势（见表4.3）。2020年春，新冠肺炎疫情在全球蔓延初期，国际石油需求骤减导致国际原油价格曾跌破每桶30美元，俄罗斯财政受到巨大的冲击。2021年世界经济复苏，全球石油需求大幅上涨，国际油价稳步回升，布伦特原油价格上涨51.5%，伦敦洲际交易所欧洲天然气期货价格上涨3.9倍，石油天然气收入恢复性增长，带动财政收入恢复性增长。然而，高度依赖能源的收入结构相当不稳定，易受能源市场波动的影响，令预算编制具有较大不准确性，预算执行具有较大不确定性，难以满足财政安全的要求。而在世界各国纷纷确立本国的碳达峰、碳中和目标后，低碳经济发展成为主流，对传统化石能源的需求呈下降趋势，俄罗斯财政减收压力越来越大，威胁财政安全。

---

① Анализ тенденций в бюджетно-налоговой сфере России. Выпуск №22, Итоги 2020 г.

表4.3　　　　　　　石油天然气收入占俄罗斯财政收入的比重

（单位：十亿卢布，%）

	石油天然气收入	非石油天然气收入	石油天然气收入占联邦财政收入的比重	石油天然气收入占公共财政总收入的比重
2016年	4844.0	8616	36.0	17.2
2017年	5971.9	9117	39.6	19.2
2018年	9017.8	10436.6	46.4	24.2
2019年	7924.3	12264.5	39.3	20.1
2020年	5235.2	15143.8	25.7	13.7
2021年	9056.5	16230	35.8	18.8

资料来源：Министерство Финансов Российской Федерации. Режим доступа：https：//minfin. gov. ru/ru/statistics/conbud/. Дата обращения：15. 04. 2022 г.

根据俄罗斯财政部统计数据，计算2016—2021年俄罗斯公共财政各项功能支出占比的年平均值并排序，可以发现如下特点：一是民生类支出优先。排在第一位的社会政策支出占总支出的35.4%，排在第二位的国民经济支出占比为13.7%，二者的差距高达21.7个百分点。观察到排在第三位和第四位的教育支出和公共卫生支出也属于民生类支出，二者比重均超过总支出的10%，且二者比重之和超过国民经济支出的比重，说明俄罗斯政府尽管重视国民经济发展，但远不及对民生发展的重视。二是相当重视维护国家安全和稳定支出。国防支出、全国性问题支出、国家安全与执法活动支出分别占总支出的8.7%、6.1%、6.0%，分列财政支出的第五、第六、第七位，三者合计占总支出的20.8%，也超过了国民经济支出的比重。三是债务支出的压力相对较大。尽管偿还国家和市政债务支出只占总支出的2.4%，在总支出中列第九位，但这项支出不仅高于环境保护支出1.8个百分点，而且和文化类支出（文化和电影事业支出、体育支出、大众传媒支出三项之和）的比重只有0.5个百分点的差距，说明债务支出水平相对较高。综合来看公共支出结构，除了债务支出外，俄罗斯财政支出结构侧重发展、安全和稳定，对财政安全较为有利。然而，2021年支出结构出现一些调整，这种有利的局面受到一定的动摇。2021年，社会政策支出占比较2020年降低1.6个百分点，较2019年降低0.8个百分点；教育支出占比进一步下降，较2020年降低0.2个百分点，较2019年降低0.8个百分点；公共卫生支出占比虽较2019年增长，但较2020年降低了0.6个百分点；国防支出、国家安全与执法活动支出基本维持了2016年以来的持续下降趋势，全国性问题支出也仅处于平均线；债务支出占比升高，文化类支出占比持续下降，二者之间差距进一步缩小，前者仅比后者低0.2个百分点；国民经济支出、住房和公共事业支出与环境保护支出延续了缓慢上升趋势（见表4.4）。可见，无论是民生类支出、安全和稳定类支出、文化类支出比重的下降，还是债务支出比重的升高都对财政安全不利，而国民经济支出比重基本呈逐年升高趋势，说明经济对财政安全的保障力度提升，住房和公共事业支出、环境保护支出比重的上升也对财政安全状况有所改善，但因有利方面明显少于不利方面，总体上这样的财政支出结构的调整不利于维护财政安全。还要看到的是，俄罗斯环境保护支出过低，要将俄罗斯低碳发展战略中设定的碳达峰、碳中和目标落到实处，需要加大财政环保支出。尽管环保支出的比重呈逐年上升的趋势，但占比不足1%的现实表明在国家低碳战略的财政支持上存在安全隐患。

表4.4　　　2016—2021年俄罗斯公共预算支出功能结构　　（单位：%）

	分项支出	2016年	2017年	2018年	2019年	2020年	2021年	平均值
1	全国性问题	5.9	6.0	6.2	6.2	6.0	6.1	6.1
2	国防	12.1	8.8	8.2	8.0	7.5	7.6	8.7
3	国家安全与执法活动	6.4	6.3	6.2	6.0	5.6	5.3	6.0
4	国民经济	12.4	13.4	13.0	13.8	14.2	15.3	13.7

续表

	分项支出	2016年	2017年	2018年	2019年	2020年	2021年	平均值
5	住房和公共事业	2.9	3.7	3.9	4.2	3.7	4.6	3.8
6	环境保护	0.3	0.4	0.4	0.7	0.7	0.9	0.6
7	教育	9.9	10.1	10.7	10.8	10.2	10.0	10.3
8	文化和电影事业	1.3	1.5	1.7	1.6	1.4	1.4	1.5
9	公共卫生	10.0	8.7	9.6	10.1	11.6	11.0	10.2
10	社会政策	34.8	37.1	36.2	34.8	35.6	34.0	35.4
11	体育	0.8	1.0	1.0	1.0	1.1	0.9	1.0
12	大众传媒	0.4	0.4	0.5	0.4	0.4	0.4	0.4
13	偿还国家和市政债务	2.5	2.6	2.7	2.2	2.1	2.5	2.4

资料来源：Министерство Финансов Российской Федерации. Режим доступа：https：//minfin.gov.ru/ru/statistics/conbud/. Дата обращения：15.04.2022 г.

根据俄罗斯财政部对2021—2024年联邦财政用于支持国家项目的支出预测值，计算各类项目支出占比的年平均值，以此体现联邦财政支出项目结构（见表4.5）。2021—2024年联邦财政第一是支持人口项目，该项支出占总支出的比重近30%。第二是基础设施建设，安全优质道路项目与交通设施现代化改造项目支出合计占总支出的22%。列第三、第四的分别是健康项目和数字经济项目，分别占总支出的11.0%和6.7%。教育、住房与城市环境项目支出均占总支出的6.2%，列第五。而劳动和就业、文化、中小企业和个人创业支持、生态、科学分别列倒数第一至倒数第五，合计占总项目支出的12.2%，这些项目均与民生和国家竞争力相关，理应得到财政重点支持，但俄罗斯并未将其作为近年财政支持的重点，体现出项目支出结构失衡、威胁财政安全。

表 4.5　　　　　俄罗斯联邦预算国家项目支出结构　　　（单位：%）

财政项目支出	占总支出的比重（预测值，2021—2024 年平均）	预算实际执行率（2021 年）
人口	28.6	98.7
健康	11.0	95.2
教育	6.2	89.8
住房与城市环境	6.2	99.8
生态	3.7	97.7
安全优质道路	14.5	99.8
劳动和就业	0.2	97.9
科学	4.5	99.4
数字经济	6.7	95.8
文化	1.3	98.8
中小企业和个人创业支持	2.5	95.2
国际合作与出口	5.5	99.2
交通设施现代化改造	7.5	98.8
旅游和酒店行业	1.6	93.4

资料来源：Министерство финансов Российской Федерации：Бюджет для граждан к проекту федерального закона о федеральном бюджете на 2020 год и на плановый период 2023 и 2024 годов；《俄财政部公布 2021 年国家项目预算支出执行情况》，2022 年 2 月 8 日，中华人民共和国驻俄罗斯联邦大使馆经济商务处网站，http：//ru.mofcom.gov.cn/article/jmxw/202202/20220203278515.shtml。

　　2022 年 2 月，俄罗斯财政部公布 2021 年俄罗斯国家项目预算支出执行情况。据初步统计，2021 年实施国家项目预算支出 2.5 万亿卢布（约合 333.4 亿美元），较此前财政部估计的 2.36 万亿卢布有所增加，但并未完成预算，预算执行率为 97.8%。分项目看，几乎所有国家项目的财政支出均未执行到位，对财政安全有潜在影响。其中执行率较高的有住房与城市环境、安全优质道路、文化、交通设施现代化改造等，说明联邦政府对基础设施投资仍然最为重视；执行率最低的是教育项目，只有

89.8%，由于教育对其他各支出项目具有基础性影响，教育项目支出预算执行情况相对较差，将影响其他支出质量，财政安全的基础也不牢固（见表4.5）。

从横向地方财政收支差距来看，2021年俄罗斯85个联邦主体中，财政收支总规模最大的是首都莫斯科，规模最小的是犹太自治州，莫斯科财政收入是犹太自治州的172.7倍，莫斯科财政支出是犹太自治州财政支出的211.6倍；人均财政收支水平最高的是楚科奇自治区，其人均财政收入是秋明州的25.6倍，人均财政支出是奔萨州的21.3倍（见表4.6）。由此可见，无论是财政收支总规模，还是人均水平，在俄罗斯均存在较大的地区差距，财政收支差距将加剧经济发展、居民收入、公共产品和服务水平等各层面的地区差距，不仅对财政安全有不利影响，而且对地区安全、国家安全均有不利影响。

表4.6　　　　　　2021年俄罗斯联邦主体财政收支

序号	俄罗斯联邦主体	财政收入（十亿卢布）	财政支出（十亿卢布）	人均财政收入（万卢布）	人均财政支出（万卢布）
1	莫斯科	2642.7	3152.7	20.9	24.9
2	圣彼得堡	651.6	743.1	12.1	13.8
3	莫斯科州	589.8	642.2	7.6	8.3
4	克拉斯诺达尔边疆区	269.7	286.9	4.7	5.0
5	鞑靼斯坦共和国	274.6	281.6	7.1	7.2
6	斯维尔德洛夫克州	278.1	318.8	6.5	7.4
7	克拉斯诺亚尔斯克边疆区	293.9	306.4	10.3	10.7
8	亚马尔—涅涅茨自治区	191.5	246.2	35.4	45.5
9	汉特—曼西斯克自治区	223.9	259.1	13.5	15.6
10	萨哈共和国	225.6	226.6	22.9	23.0
11	巴什科尔托斯坦共和国	203.6	225.6	5.1	5.6
12	罗斯托夫州	211.2	217.2	5.0	5.2

续表

序号	俄罗斯联邦主体	财政收入（十亿卢布）	财政支出（十亿卢布）	人均财政收入（万卢布）	人均财政支出（万卢布）
13	下诺夫哥罗德州	202.0	217.0	6.4	6.8
14	克里米亚共和国	153.3	154.7	8.1	8.1
15	萨马拉州	195.7	203.5	6.2	6.4
16	伊尔库茨克州	190.6	204.6	8.0	8.6
17	车里雅宾斯克州	186.3	208.8	5.4	6.1
18	新西伯利亚州	187.9	197.1	6.7	7.1
19	萨哈林州	109.2	129.5	22.5	26.7
20	秋明州	147.5	179.5	3.9	4.8
21	克麦罗沃州	131.3	147.3	5.0	5.6
22	彼尔姆边疆区	153.6	171.8	6.0	6.7
23	列宁格勒州	155.3	168.1	8.2	8.9
24	达吉斯坦共和国	153.3	159.6	4.9	5.1
25	滨海边疆区	139.7	144.0	7.4	7.7
26	沃罗涅日州	131.6	135.0	5.7	5.9
27	斯塔夫罗波尔边疆区	129.5	133.5	4.6	4.8
28	加里宁格勒州	119.2	123.4	11.7	12.1
29	阿尔泰边疆区	123.8	129.7	5.4	5.6
30	伏尔加格勒州	124.1	129.8	5.0	5.2
31	萨拉托夫州	110.7	121.1	4.6	5.1
32	哈巴罗夫斯克边疆区	114.9	122.4	8.8	9.4
33	奥伦堡州	100.3	110.3	5.2	5.7
34	别尔哥罗德州	96.2	103.7	6.2	6.7
35	阿尔汉格尔斯克州	99.6	109.0	8.8	9.7
36	车臣共和国	106.6	118.2	7.1	7.9
37	鄂木斯克州	96.2	96.2	5.1	5.1
38	科米共和国	79.5	89.1	9.8	10.9
39	图拉州	90.8	94.7	6.3	6.5
40	沃洛格达州	87.7	94.3	7.6	8.2
41	托木斯克州	82.4	88.2	7.7	8.2

续表

序号	俄罗斯联邦主体	财政收入（十亿卢布）	财政支出（十亿卢布）	人均财政收入（万卢布）	人均财政支出（万卢布）
42	乌德穆尔特共和国	76.4	76.7	5.1	5.1
43	雅罗斯拉夫州	78.4	84.3	6.3	6.8
44	堪察加边疆区	78.1	78.1	25.0	25.0
45	特维尔州	81.5	84.6	6.5	6.8
46	摩尔曼斯克州	82.3	86.3	11.2	11.8
47	后贝加尔边疆区	84.2	85.2	8.0	8.1
48	布里亚特共和国	80.8	85.2	8.2	8.6
49	卡卢加州	64.3	67.9	6.4	6.8
50	布良斯克州	72.0	73.0	6.1	6.2
51	利佩茨克州	67.4	69.3	6.0	6.1
52	弗拉基米尔州	70.8	75.4	5.3	5.6
53	库尔斯克州	63.4	64.3	5.8	5.9
54	阿穆尔州	84.3	86.7	10.8	11.1
55	奔萨州	62.2	60.9	4.8	4.7
56	梁赞州	67.3	69.8	6.1	6.4
57	基洛夫州	66.3	67.4	5.3	5.4
58	乌里扬诺夫斯克州	64.5	71.2	5.3	5.8
59	塞瓦斯托波尔	52.5	54.6	10.2	10.6
60	卡累利阿共和国	51	55.7	8.4	9.1
61	楚瓦什苏维埃社会主义自治共和国	61.5	64.3	5.1	5.3
62	阿斯特拉罕州	51.4	54.6	5.2	5.5
63	斯摩棱斯克州	53.1	53.7	5.8	5.8
64	坦波夫州	51.4	51.4	5.2	5.2
65	库尔干州	52.6	57.6	6.4	7.0
66	伊万诺沃州	49.2	52.7	5.0	5.3
67	莫尔多瓦共和国	42.7	42.9	5.5	5.5
68	楚科奇自治区	49.2	49.4	99.8	100.2
69	普斯科夫州	41.0	43.6	6.6	7.0

续表

序号	俄罗斯联邦主体	财政收入（十亿卢布）	财政支出（十亿卢布）	人均财政收入（万卢布）	人均财政支出（万卢布）
70	奥廖尔州	39.8	39.8	5.5	5.5
71	科斯特罗马州	35.3	35.3	5.6	5.6
72	诺夫哥罗德州	39.2	41.1	6.6	6.9
73	卡巴尔达—巴尔卡尔苏维埃社会主义自治共和国	43.6	44.8	5.0	5.1
74	马里苏维埃社会主义自治共和国	40.0	39.9	5.9	5.9
75	马加丹州	38.0	39.0	27.3	28.1
76	北奥塞梯共和国	37.7	37.8	5.4	5.5
77	图瓦共和国	37.5	38.1	11.4	11.5
78	哈卡斯共和国	37.9	42.5	7.1	8.0
79	印古什共和国	31.1	31.2	6.0	6.0
80	卡拉恰伊—切尔克西亚共和国	30.2	30.1	6.5	6.5
81	阿迪格共和国	26.5	27.0	5.7	5.8
82	阿尔泰共和国	25.1	25.2	11.4	11.4
83	亚马尔—涅涅茨自治区	19.9	22.2	44.8	50.0
84	卡尔梅克共和国	19.8	19.9	7.3	7.4
85	犹太自治州	15.3	14.9	9.8	9.5

资料来源：Бюджеты регионов в 2021 г.：стратегии дефицита. Режим доступа：file：///C：/Users/User/Downloads/%D0%94%D0%BE%D0%BA%D0%BB%D0%B0%D0%B4_%D0%B1%D1%8E%D0%B4%D0%B6%D0%B5%D1%82%D1%8B_19012021_compressedl.pdf. Дата обращения：14.04.2022 г., Населения субъектов Российской Федерации. Режим доступа：https：//rosstat.gov.ru/folder/12781. Дата обращения：15.04.2022 г.

（2）基于政府债务的评估

根据俄罗斯联邦中央银行的统计数据，2015—2019 年，俄罗斯政府对外债务规模增长超过 1 倍，政府外债占外债总额的比重增长了8.3个百分点，基本呈上升态势。从政府对外债务增长情况来看，经历了较大幅度的波动，在2017年以前具有加速增长态势，在2016年和2017年分别同比增长28.1%和42.1%，仅一年时间便上升了14个百分点，2018年同比下降30%，2019年增速跃升至59.1%，较2018年上升了近30个百分点，2020年又转为同比下降7%，较2019年增速下降了66个百分点。这主要源于2008年国际金融危机之后，俄罗斯通过国家经济安全战略加大国家债务管理，避免出现债务危机，尤其注重对政府债务风险的防控，所以在政府债务规模膨胀、比重升高、增长速度过快时，就会采取措施缩减政府债务规模，降低政府债务比重，平抑政府债务增长速度。这对财政安全有两重影响，一方面能够有效规避债务风险对财政安全的冲击；另一方面因常常要短期调动大规模财政资源来抵销债务风险，对财政履行职能有较大不利影响，进而也会间接对财政安全造成不利影响。

表4.7　　　　　　2015—2020年俄罗斯对外债务　　（单位：百万美元,%）

	对外债务	政府债务		中央银行债务		其他银行债务		其他部门债务	
		规模	比重	规模	比重	规模	比重	规模	比重
2015年	519101	30551	5.9	11716	2.3	131733	25.4	345100	66.5
2016年	511697	39143	7.6	12077	2.3	119395	23.3	341082	66.7
2017年	518103	55628	10.7	14480	2.8	103385	20.0	344609	66.5
2018年	455073	43955	9.7	12152	2.7	84609	18.6	314357	69.1
2019年	491327	69930	14.2	13823	2.8	76954	15.7	330619	67.3
2020年	467113	65062	13.9	12973	2.8	72143	15.4	316935	67.8

资料来源：Центральный банк Российской Федерации. Режим доступа: https://cbr.ru/statistics/statpubl/. Банк России. Статистический Боллетень Банк России. Москва 2017, 2020, 2021, 2022 г., Дата обращения: 15.04.2022 г.

从政府债务占国内生产总值的比重来看,俄罗斯政府负债率处于世界较低水平,但近年有升高趋势,2018年该比重为12.1%,2019年该比重增长了0.3个百分点,达到12.4%,2020年则增长至17.7%,一年之中增长超过5个百分点,从财政安全视角来看是不利趋势。[1] 根据国际货币基金组织的预测,俄罗斯政府净负债未来也呈增长趋势,2022—2024年分别为22.8万亿、23.8万亿、25.2万亿卢布,分别比上年增长4.65%、4.37%、5.80%(见图4.2)。随着俄乌战争及西方国家对俄罗斯的制裁发展到白热化,俄罗斯政府债务安全受到严峻挑战,并威胁到整体财政安全。当然,这只是威胁俄罗斯财政安全的一个方面,战争和制裁究竟对俄罗斯财政安全带来多大的威胁或者破坏,目前还是未知数。

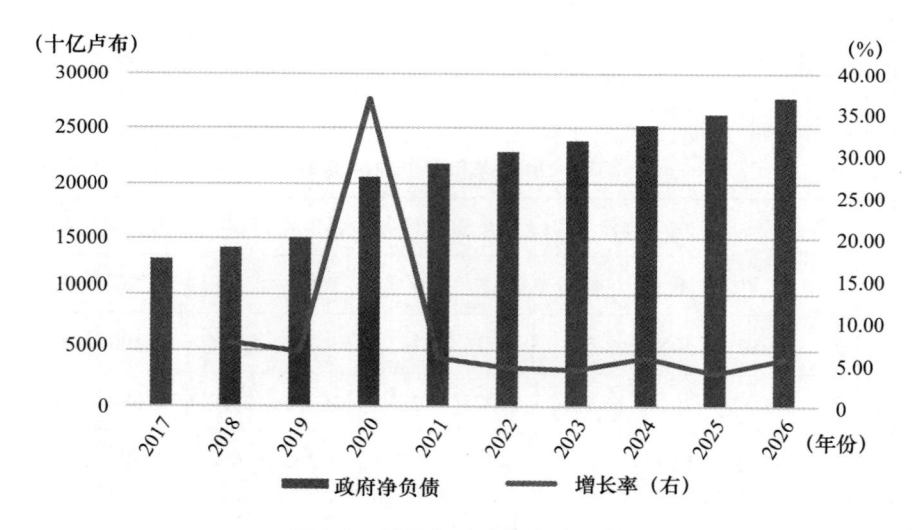

图4.2 俄罗斯政府净负债预测

资料来源:CEIC数据库,https://www.ceicdata.com/zh-hans/indicator/russia/forecast-government-net-debt。

---

[1] CEIC数据库,https://www.ceicdata.com/zh-hans/indicator/russia/government-debt—of-nominal-gdp。

李万超等考察了俄罗斯地方政府债务情况，发现其地方政府债务呈快速增长趋势。2005—2020 年，俄罗斯地方政府债务累计增加了 2.07 万亿卢布，增长了 450%，年平均增速为 11.97%。其中，联邦主体 2020 年债务总额约为 2005 年的 6.5 倍，市政债务总额约为 2005 年的 2.7 倍。① 看待地方政府债务快速增长对财政安全的影响需要分正反两个方面：一方面，地方政府债务增长，尤其是以政府担保的隐性地方政府债务增长，将加大地方政府财政收支矛盾，同时俄罗斯地方政府债务融资的主要来源是联邦预算贷款，可能将地方政府债务风险向联邦层面传导，是财政安全的较大隐患；另一方面，地方政府债务增长在一定程度上改善了俄罗斯政府债务结构，分担了联邦债务风险，也降低了俄罗斯对外债的依赖程度，使得俄罗斯总体债务率维持在国际较低水平。而联邦预算贷款作为地方政府债务融资主要来源，也将债务风险内化于财政体系，相对降低了对其他领域安全的威胁。

（3）基于财政发展形势的评估

2022 年 2 月，俄乌战争爆发，这一突发事件必然会对俄罗斯经济产生巨大的冲击，进而给其财政安全状况带来一系列负面影响。

首先，战争和制裁将导致俄罗斯经济增长下滑。据世界银行预测，由于俄乌战争和受到西方的制裁，俄罗斯 2022 年 GDP 将萎缩 11.2%。俄罗斯财政部和经济发展部预计 2022 年俄 GDP 萎缩幅度将超过 10%。② 据俄罗斯央行调查，2022 年 3 月经济学家对 2022 年俄罗斯经济的预测为下降 8%，4 月的预测则为

---

① 李万超、冯啸、兰天媛：《俄罗斯地方政府债务管理措施、成效及启示》，《黑龙江金融》2021 年第 3 期。
② 《俄官方预测：今年俄 GDP 萎缩幅度超过 10%》，2022 年 4 月 12 日，参考消息网，http://www.cankaoxiaoxi.com/finance/20220412/2475721.shtml。

下降9.2%。① 多方分析和预测表明，2022年俄罗斯经济将面临30年来最严重的衰退。经济发展是财政发展和履行职能的基础，经济衰退将对俄罗斯各级财政收支和财政运行造成严重影响，对财政安全造成巨大威胁。

其次，俄罗斯政府必须加大财政支出以支持战争开支。俄罗斯国防支出在财政支出中的占比一直处于世界较高水平，尽管2021年这一比重较2017年下降近3个百分点，但仍高达14.44%（中国为5.5%），如今战争的爆发必然导致该比重进一步上升，政府财政压力增大，对财政安全产生不利影响（见表4.8）。

表4.8　　　　2017—2021年俄罗斯财政国防支出情况（单位：十亿卢布,%）

	2017年	2018年	2019年	2020年	2021年
国防支出	2852.3	2827.0	2997.4	3168.8	3576.1
国防支出占总财政支出的比重	17.37	16.91	16.46	13.89	14.44

资料来源：Министерство Финансов Российской Федерации. Режим доступа: https://minfin.gov.ru/ru/statistics/conbud/. Дата обращения: 15.04.2022 г.

最后，西方国家对俄罗斯采取的制裁措施也会对俄罗斯经济及财政安全带来巨大的威胁。制裁涉及金融、交通、航空服务、进出口贸易、签证、媒体和互联网、体育和文化等诸多领域。这些制裁影响俄罗斯经济增长水平，进而影响俄罗斯财政收支和财政运行，威胁其财政安全。一是西方国家将部分俄罗斯银行排除在环球银行间金融通信协会（SWIFT）支付系统之

---

① 《俄媒：俄央行专家预测GDP将萎缩8%》，2022年3月12日，参考消息网，http://www.cankaoxiaoxi.com/finance/20220312/2472239.shtml；《俄罗斯经济萎缩程度超预期，今年通胀率飙升》，2022年4月22日，网易新闻，https://www.163.com/dy/article/H5IDHT3K055336ZX.html。

外，冻结俄罗斯国际储备，将导致俄罗斯的国际支付能力大大降低。截至 2022 年 3 月 13 日，俄罗斯约 3000 亿美元（约合人民币 19016.7 亿元）的黄金和外汇储备已被冻结，占俄罗斯国际储备总额的近一半。① 二是美欧禁止或缩减从俄罗斯进口能源，将严重打击高度依赖能源出口的俄罗斯经济和财政收入。美国总统拜登 2022 年 3 月 8 日正式签署了禁止美国从俄罗斯进口能源的行政令，包括禁止进口俄罗斯原油和某些石油产品、液化天然气和煤炭，禁止美国对俄罗斯能源部门的新投资，禁止美国人资助或支持在俄罗斯投资能源公司等。与此同时，英国宣布将在 2022 年年底前停止进口俄罗斯石油。欧盟预计于 2022 年将从俄罗斯进口的天然气削减 2/3，于 2027 年摆脱对俄罗斯能源的依赖。有研究显示，除了直接的财政收入贡献外，能源带动其他相关产业对俄罗斯总体财政贡献率已经达到 70%左右，能源行业遭受制裁，对俄罗斯财政将产生较大冲击。② 三是制裁措施导致卢布贬值和通货膨胀，俄罗斯货币资产价值下跌，财政也同时受到影响，加之制裁中包括对购买俄罗斯国债的禁令，国债发行受阻将无法发挥其缓解财政收支矛盾的作用和国债本身的调节功能，对财政安全不利。与此同时，由于物价大幅上涨，更多民众面临生活困难，贫困率上升，加之经济衰退，失业率上升，财政必须加大在社会保障、补贴、救济方面的支出，以维持居民基本生活水平，财政支出压力陡然增大，威胁财政安全。

---

① 《俄财长：3000 亿美元外汇储备被冻结，占总额一半》，2022 年 3 月 14 日，澎湃新闻网，https://www.thepaper.cn/newsDetail_forward_17120486。

② 《俄乌战争——俄罗斯的经济成本》，2022 年 3 月 16 日，搜图网，https://www.aisoutu.com/a/2167640。

（三）基于中俄两国财政安全状况评估的判断

评判财政的安全性，最直接的就是看财政收入与支出的对比关系，本节就是基于此对中俄两国财政安全状况进行评估与比较。在跨期财政平衡下，考察财政收支的对比关系涉及财政收支、赤字与债务等财政基本要素，这些要素是密切相连的有机整体，会直接以客观数字的形式反映在财政运行的基本面上，是判断当前和未来财政安全形势的重要依据。就财政收入而言，包括影响财政安全的两个要素：收入规模和收入质量。前者决定财政支出，进而决定公共服务的有效提供；而后者是财政收入来源可靠性的反映，一定程度上也是宏观经济运行的风向标。就财政支出而言，包括影响财政安全的三个要素：支出规模、支出结构和支出效率，分别反映支出总量、支出方向、支出质量。就财政赤字和政府债务而言，其背后的偿债能力与财政的各方面均相关，财政安全需要建立在赤字和债务可持续的基础上。在对中俄两国的财政安全评估之后，可得出相应的结论并形成如下判断。

1. 基于中国财政安全状况评估的判断

第一，在财政收支层面，财政安全形势稳定。

就中国而言，仅从财政收支本身看，二者矛盾相对缓和，财政处于安全范围。一方面，财政收入扭转了下滑趋势进入增长轨道，减税降费与财政收入形成正向互动、良性循环关系。另一方面，财政支出及时进行结构调整，表现为抗疫特别支出有序退出，行政支出大幅压减，行政支出效率提高，民生性支出和科技创新领域支出有较大增长，这样的调整令支出增长放缓，支出质量提高。

第二，在政府债务层面，财政安全形势受地方政府隐性债务风险影响较大。

从财政收支矛盾向政府债务风险的转化来看，地方政府隐性债务风险依然突出，仍在很大程度上威胁着财政安全。总体上，中国政府债务管理进一步加强，总量控制和结构控制双管齐下，处于规模扩张下的债务风险可控的局面。但地方政府隐性债务增长迅速，并且难以发现和治理，对财政安全来说是极大威胁。地方政府隐性债务风险虽已引起国家重视，但尚未探索出行之有效的管控措施，原因主要表现为两个方面：一方面，地方政府隐性债务的根源是政府间财政关系不当，地方财政收支矛盾激化，而财政体制的变革与财政经济发展未能同步；另一方面，中国财政管理法治化步伐较为缓慢，相关规定难以有效执行。

第三，在财政发展层面，财政安全形势面临疫情反弹和俄乌战争的新威胁。

从对财政安全的展望来看，2022年，中国新的财政收支矛盾正在形成，财政安全形势受到新的威胁。其原因是受新一轮新冠肺炎疫情和俄乌战争影响，经济发展形势恶化，财政收支分别受到下行压力和上行压力。一方面，疫情下一些区域和行业被临时管控，影响到供应链以及投资、消费和出口，导致经济受到较大的下行压力，财政收入和经济发展趋势保持一致性，也面临着较大的下行压力，与此同时，抗疫支出恢复性增长具有必然性，财政支出上行压力明显。另一方面，俄乌战争引起国际关系紧张态势，国际供应链和资金链被破坏，从而引发一系列的经济问题，包括通货膨胀、汇率变动、贸易保护主义、风险跨境传导等，影响到宏观经济安全，并最终落脚到财政收支上，转化为财政收入的下行压力和财政支出的上行压力。

2. 基于俄罗斯财政安全状况评估的判断

第一，在财政收支层面，谋求收支双增的政策意图和业已存在的财政收支结构失衡均不利于财政安全。

就俄罗斯而言，由于其财政收入与国际原油价格联系密切，国际原油价格又受到多方面影响而不具备稳定性，所以俄罗斯管控财政赤字对于其财政安全的意义更为重大，只有尽可能保证盈余才能确保财政安全。但是俄罗斯将关注点主要集中于收入一侧，尽可能寻求开源，而节流则只停留在口头上和纸面上，支出刚性不减就很难在政治经济陷入困局、收入压力加速上升的情况下保障财政安全。与此同时，联邦和地方层面财政收支矛盾普遍存在，仅表现形式不同。从结构来看，财政安全受到三重结构失衡的影响。一是财政收入结构失衡，非税收入和预算外收入大幅增长以对冲税收收入和预算收入的缩减，与石油天然气相关的财政收入比重较高。二是财政支出结构失衡，民生类支出、安全和稳定类支出、文化类支出比重有所下降，债务支出的比重高于部分民生性支出的比重，且有进一步升高的趋势，环保支出比重过低与"双碳"要求不相适应，而项目支出中民生类和国家竞争力类支出比重较低且预算普遍执行不到位。三是地方层面财政收支差距较大，地方财政收支结构存在明显失衡。

第二，在政府债务层面，联邦层面的政府债务风险管控和地方政府债务风险加大均对财政安全构成威胁。

俄罗斯政府净负债规模增长和政府负债率升高趋势显著，为维护财政安全，联邦政府频繁出台政府债务管控措施，这有可能加剧财政收支矛盾、妨碍财政职能履行，反而不利于财政安全。与此同时，俄罗斯地方政府债务呈快速增长趋势，在分担联邦债务风险、降低俄罗斯对外债依赖的同时，不断加大的地方政府债务风险很可能经由联邦预算贷款向联邦传导。

第三，在财政发展层面，俄乌战争和西方制裁将为财政安全带来新的威胁。

俄罗斯经济面对俄乌战争和西方制裁有较大衰退可能性，

经济衰退将动摇财政发展根基,而随之出现的巨额军事开支、国际支付受阻、资金冻结、出口萎缩、通货膨胀和失业增加等问题,均会给财政带来直接或间接的压力,向财政传导风险,财政安全形势受到极为严峻的考验。为此短期需寻求财政政策支撑,长期需寻求财政制度保障,通过优化相关制度和政策夯实财政安全基础。

五 基于中俄比较，夯实中国财政安全制度和政策基础

对中俄两国财政安全状况进行评估后，我们发现，两国在财政运行、财税政策与体制、外部环境等多个层面都存在财政安全隐患。当然，也存在很多有利于财政安全的因素，集中于财政管理层面。由于两国财政管理制度有不少相近之处，具有较大可比性，中国可以通过比较借鉴，取长补短。

（一）健全预算管理中的财政安全机制

中俄两国在预算中都有预算稳定基金和中期预算的制度安排，为两国的财政安全提供基础性的保驾护航作用。

1. 优化预算稳定基金制度

中国在一般公共预算中设立了预算稳定调节基金，为财政安全提供基础性保障，其主要来源为财政一般公共预算的超收收入和结余资金，前者为冲减赤字后的超收收入，后者为连续结转两年仍未用完的结余资金和符合规定的政府性基金预算结余资金。①自 2007 年中央预算稳定调节基金设立后，地方预算稳定调节基金

---

① 《预算稳定调节基金管理暂行办法》规定，政府性基金预算结转资金规模超过该项基金当年收入 30% 的部分，应当补充预算稳定调节基金。政府性基金预算连续结转两年仍未用完的资金，应当作为结余资金，可以调入一般公共预算，并应当用于补充预算稳定调节基金。

纷纷在各省、自治区、直辖市和计划单列市层面设立。多年来，中央和地方预算稳定调节基金用于弥补年度收支缺口，对预算执行的收支偏离起到了一定的修正作用，在跨年度预算平衡与年度预算平衡之间建立起纽带，有力地防护财政安全。但由于超收收入的产生具有不确定性，且每次从超收收入中调入预算稳定调节基金的资金规模也是不确定的，因此预算稳定调节基金不具有稳定的收入来源，也难以保持稳定的资金规模，限制了其对财政安全的防护作用。随着预算稳定调节基金规模不断扩大，基金结余资金管理、保值增值等方面的需求加大，基金使用方向和效率等方面的问题也越来越受到关注，需要在制度层面加以改进和优化。

俄罗斯自2004年建立预算稳定基金，其来源为油气出口超额税收收入，主要用于应对能源价格波动对其财政和经济发展的冲击，保障财政经济稳定。即将能源价格高涨时通过矿产资源开采税和石油出口税获得的超额财政收入储备起来，在必要时用来平抑经济波动、弥补财政赤字、保障预算平衡。稳定基金规模不断壮大，并通过投资外汇获得不菲的收益，开始被用于偿还外债、补充养老金缺口、刺激经济增长。2008年稳定基金被拆分为"储备基金"和"国家福利基金"以实现稳定功能与衍生的发展性功能相剥离，油气收入优先纳入储备基金，继续作为国家战略储备履行原有的稳定功能，直至其规模达到GDP的10%；国家福利基金则被赋予发展功能——补充养老金缺口、提高居民生活质量以及促进经济发展，在储备基金规模达到GDP的10%后，其余的油气收入被计入国家福利基金。此后，为应对西方制裁，俄罗斯动用了全部的储备基金用于平衡财政收支。2018年，为了方便管理，又将二者统合为国家福利基金，稳定和发展功能则被平移到新的国家福利基金下。在国际油价低于每桶40美元时，基金用于财政收支平衡。除此之外，基金用于养老金保障、基础设施项目融资等发展性领域。预算稳定基金的制度安排为俄罗斯降低不确定性风险、巩固财政安全起到了重要作用。近两年，国家福利基金一直通过币种结构调整、去美元化来应对西方制裁，在 2022 年俄乌战争中，这一作用更加凸显。2022 年 3 月 9 日，俄罗斯允许国家福利基金购买政府债券和股票，以提高俄罗斯经济面对制裁的稳定性。在西方制裁情况下，俄罗斯国家福利基金中部分资金被冻结。为此，2022 年 4 月 10 日，俄罗斯增加 2734 亿卢布的联邦储备基金，用于保障西方制裁中的经济稳定，其来源为 2022 年第一季度获得的超额油气收入。[①] 2022 年 4 月 11 日，俄罗斯财政部发布消息称，3 月俄罗斯国家福利基金增加了 1172 亿卢布，至 4 月 1 日，总额为 13 万亿卢布。[②]

可见，中俄两国都实行预算稳定基金制度，并且这一制度在维护财政安全方面发挥着重要的作用，但在如何降低基金收入不确定性影响、基金增值、提升基金使用效率、基金监管等方面，两国面临共同的难题。在这些方面，俄罗斯一些有益尝试可供中国借鉴。

一是保持基金规模相对稳定，避免财政收入波动对基金规模造成冲击。俄罗斯储备基金存续时其规模与 GDP 挂钩，尽管这种做法并不能确保基金规模稳定，但将其限定在 GDP 的一定比例区间，能够防止基金规模的大起大落。相比之下，中国并没有对财政超收收入调入基金的规模或比例进行限定，导致基金调入调出较为随意，甚至超收收入被直接用于支出，基金仅占超收收入较低比例。对此，中国可以设定一个全国统一的超收收入调入预算稳定调节基金的比例下限，各地可根据自身财

---

① 《俄罗斯 3000 亿美元外汇储备被冻结 俄宣布增加 2734 亿卢布储备基金稳定经济》，2022 年 4 月 11 日，新浪财经，http：//finance.sina.com.cn/money/forex/forexinfo/2022 - 04 - 11/doc-imcwiwst1105891.shtml。

② 《俄财政部：3 月俄罗斯国家福利基金增加 1172 亿卢布》，2022 年 4 月 11 日，央视新闻，https：//content-static.cctvnews.cctv.com/snow-book/index.html? item_id =17807422009923315639&toc_style_id = feeds_ default。

政经济发展情况将比例向上浮动，还应为基金规模设定上限，防止基金结余造成大量财政资金沉淀。例如，以冲减赤字后的超收收入规模的 30% 用于补充预算稳定调节基金，同时根据《国务院办公厅关于进一步做好盘活财政存量资金工作的通知》（国办发〔2014〕70 号）规定，年度预算调入预算稳定调节基金的规模一般不超过当年本级一般公共预算支出总额（含对下级转移支付）的 5%。

二是细化基金用途，提高基金使用效率。俄罗斯国家福利基金的用途十分明确，部分用于防风险，稳定宏观经济和治理通货膨胀，部分用于促进经济发展、提高国民福利、补充养老金体系。中国《预算稳定调节基金管理暂行办法》规定预算稳定调节基金用于弥补一般公共预算收支缺口，分两种情况：一是在编制预算时将拟动用的预算稳定调节基金编入一般公共收入预算，二是在预算执行中编制预算调整方案动用预算稳定调节基金弥补因短收、增支导致的收支缺口。其中后者的指向相当模糊，没有像俄罗斯那样明确具体的用途，导致在实际中存在低效支出现象。从实际来看，中国预算稳定调节基金主要用途为自然灾害救助、偿还政府债务、用于民生项目等。[①] 但是由于这些用途没有被明确规定，存在一定的机动性，有时甚至没有经过预算稳定调节基金直接将超收收入用于这些支出安排，从而难以保障支出规范、高效、透明。为此，需要对上述用途进一步做出规定：用于自然灾害救助时，需要将预备费调入预算稳定调节基金，再按照实际资金需求进行预算调整，之后按调整后的预算统一拨付。用于偿还政府债务时，需统筹考虑一般公共预算债务支出的规模和比重，在债务风险控制和财政支出结构风险控制权衡下，通过预算安排动用预算稳定调节基金

[①] 徐志、杨蓉洁：《预决算偏离度视角下的预算稳定调节基金研究》，《财政监督》2019 年第 7 期。

的规模。用于民生支出时，以提供基本公共服务为宗旨，以弥补财政收支缺口为限度，超出限度的部分可以考虑在下一年财政预算中安排，防止偏离基金用于平衡预算的初衷和赋予其的稳定功能。

三是推动结余资金保值增值，防止无效闲置、贬值和投资损失。俄罗斯为了保障国家福利基金保值增值，为其开辟了不同层次的结余基金投资渠道。其中，部分基于其稳定功能，投资于币值稳定的美元、欧元、英镑等外汇以及流动性强、风险小、信誉较高的外国债券等；部分基于其发展功能，投资于风险和收益都相对较高的政府债券、股票等。当然国家福利基金的投资遵循稳健原则，不会投资于损失可能性较大的项目。相比之下，中国《预算稳定调节基金管理暂行办法》只有预算稳定调节基金在同级国库单一账户存储的规定，并没有关于结余资金保值增值的条款，导致大量预算稳定调节基金沉淀在国库。据统计，到2017年，中国中央预算稳定调节基金已结余3059.3亿元，地方层面的基金结余同样庞大，仅上海市当年预算稳定调节基金就结余1405.88亿元。[①] 这么大规模的资金实际处于闲置状态，显然不符合经济新常态下国家盘活财政存量资金的要求，需要充分借鉴俄罗斯的经验，遵循稳健原则，通过加强结余基金管理实现投资增值。与此同时，将预算稳定调节基金纳入全方位、全过程和全覆盖的预算绩效管理，保障基金使用和投资高效。

2. 优化中期预算制度

中期预算是3—5年期或更长期限的滚动预算，能够突破年度预算的限制、弥补年度预算的缺陷，为政府和政府部门财政

[①] 徐志、杨蓉洁：《预决算偏离度视角下的预算稳定调节基金研究》，《财政监督》2019年第7期。

活动提供中长期的预算约束,充分体现预算对财政安全的持续关注。欧美国家于20世纪70年代开始编制实施中期预算框架,此后世界很多国家都不同程度引入中期预算,但真正成功推行并取得预期效果的国家并不多。中俄两国都有基于本国国情的中期预算实践,但在中国还处于其过渡形态——中期财政规划阶段,发展进程相对落后。

在中国,2013年党的十八届三中全会提出要实现跨年度预算平衡机制,2015年出台《关于实行中期财政规划管理的意见》对中期财政规划提出明确要求和发展方向:在对总体财政收支情况进行科学预判的基础上,重点研究确定财政收支政策,做到主要财政政策相对稳定,同时根据经济社会发展情况适时研究调整,使中期财政规划渐进过渡到真正的中期预算。[①] 经过5年的实践,中期财政规划已全面覆盖中国"四本预算",推进了政策和预算的紧密结合,有效提升了预算的科学性和合理性,强化了预算的防风险能力。但是也存在一些阻碍向中期预算过渡的不利因素,包括宏观经济形势难测、预算编制方法落后、框架较为粗线条、缺少基础制度支撑和实施细则、与年度预算未实现良好衔接等,导致中期财政规划流于形式,约束力不强,对财政安全的保障力度不足。对此,2020年党的十九届五中全会通过的"十四五"规划建议明确提出,加强中期财政规划管理,进一步完善跨年度预算平衡机制,增强中期财政规划对年度预算编制的指导性和约束性。

在俄罗斯,2007年正式启动3年期中期预算编制。俄罗斯中期预算以国家战略方针、政策目标和优先发展方向为导向,各级财政预算均需在其导向下明示发展目标、可计量的预期成

---

① 《国务院关于实行中期财政规划管理的意见》,2015年1月3日,中国政府网,http://www.gov.cn/gongbao/content/2015/content_2814785.htm。

果、相关的考核指标，并对财政政策的连续性、可预期性、公开透明性负责。[①] 俄罗斯中期预算的编制由俄罗斯经济发展部主导，财政部配合，并与年度预算同步编制。在编制过程中需要对宏观经济趋势、财政收入、支出限额、国家战略与政策优先领域、中期内各部门每个年度的支出需求和整体财政支出预算以及中期内财政赤字、政府债务、国家福利基金和预算外基金等依次进行分析预测和确定。[②]

这项改革有助于俄罗斯建立廉洁、高效、低成本的政府，有助于政府中长期战略和目标的实现，进而有助于提高财政安全性。但改革也不可避免地遇到客观条件和主观条件的限制，包括国际经济形势较快变化，国内结构改革向前推进，财税法律经常调整等，导致对宏观经济和财政收支预测准确性不高，中期预算的科学性不能被确保，从而影响到实施效果。2015年，俄罗斯受到西方国家制裁和石油价格波动，导致对中期预算所涉及的事项均不能形成准确的判断和预测，而被迫不断调整中期预算，法律保障的预算约束受到严重挑战，执行预算非常困难，且预算调整成本高、效率低，致使2016年不得不中止中期预算的编制，只出台了年度预算。2017年随着俄罗斯财政经济形势的好转，中期预算被重启，并且改进了编制方法，例如将中期预算预测的基础"乌拉尔"石油价格的估计从确定价格发展为价格区间，令相关预测更加合理。尽管如此，中期预算容易受到国内外经济形势不确定性影响的问题仍然没有从根本上得到解决。在找到优化之路之前，只能发挥其对财政安全的日常维护作用。

从中俄两国实施中期预算的实践看，中国应进一步完善中期

[①] 童伟：《俄罗斯中期预算改革：原因、现状及发展趋势》，《俄罗斯东欧中亚研究》2008年第3期。

[②] 童伟、宋天伊、雷婕：《俄罗斯为什么中止实施中期预算？》，《经济研究参考》2016年第31期。

预算制度，充分发挥其作为跨年度预算平衡机制对财政安全的保障作用。一是充分认识中期预算是维护财政安全的重要手段，保障中期预算的可持续发展。中期预算对财政安全的维护体现在两方面：一方面，相对于年度预算而言，传统年度预算存在与国家中长期发展规划难以衔接、预算与政策目标"两张皮"、年末突击花钱、财政支出规模膨胀且缺乏理性、引发政府债务扩张等问题，严重影响了财政支出绩效，加剧了财政风险。中期预算能够弥补年度预算中存在的短期行为，能够满足国家治理现代化的要求，对国家治理现代化提供重要保障。另一方面，中期预算本身具有安全特质。中期预算要求实现跨年度预算平衡，并建立在有效、准确的财政收支预测的基础上。这些自带的安全特质能够在中长期协调财政收支矛盾，对政府债务管理发挥有效作用，从而有效应对财政可持续性面临的挑战，保障财政安全。

二是推动中期预算与国家经济社会发展规划衔接，赋予中期预算法律效力，提高中期宏观经济形势及财政收支预测水平，建立中期预算协调运行机制。具体对中国而言，需要全面贯彻落实"十四五"规划要求，把握好中国中期财政规划新的窗口期。其一，探寻中国中期财政规划实施的基础制度困境，发现中期财政规划发展的制约因素并"对症下药"；其二，探寻在国内外形势复杂多变、宏观经济形势不稳定、财政政策变动条件下实现准确预测宏观经济、财政收支的方法；其三，寻求从中期财政规划向中期预算规划的演进机理，完善跨年度预算平衡机制、实现规划权力与预算权力相协调、提升中期财政规划的法律效力。

（二）推动财税政策和财税制度对财政安全的维护升级

财政政策最重要的特征就是"逆风向行事"，面对经济过热实行紧缩性财政政策，面对经济衰退实行扩张性财政政策。那么，面对财政风险则进行一系列具有安全导向性的政策安排，而相关政策安排必然不能偏离既定的财税制度改革方向。近年来，中俄两国为了走出经济困境，实现经济可持续发展，都不同程度上运用了以财政减收为主的扩张性财政政策，中国具体为减税降费。由于单纯的财政减收对财政安全的冲击较大，因此两国均采取一定的对冲政策，实现财税制度和政策对财政安全的维护升级。在中国具体表现为制度性减税降费与阶段性减税降费的结构调整，以及与减收同步削减支出；在俄罗斯表现为减税降费与政策性、制度性增税相结合。

1. 以可靠的结构调整策略中和减税降费在财政安全上的两面性

从财政安全的角度看，减税降费具有两面性，是一把"双刃剑"。一方面，从宏观经济看，减税降费具有作为财政政策"逆风向行事"的特质，对经济增速回落起到较好的缓冲作用，防止过快回落对经济安全和财政安全造成较大破坏。另一方面，减税降费实际上是财政主动减收，加之经济增速回落导致的财政被动减收、财政支出刚性与趋势性财政支出规模扩张，财政收支矛盾加剧，对财政安全产生不利影响。同时，税费征收无论依据法律还是行政规章，都遵循税收法定原则，只是法律层次不同。减税降费作为经常性的政策调整，在一定程度上弱化了财政收入体系的法定原则，不利于以法律手段保障财政安全。

（1）中国制度性减税降费与阶段性减税降费的结构调整＋同步减支

随着中国经济进入新常态，经济增长速度有很大程度回落，中国通过持续实施以大规模减税降费为主要内容的积极财政政策来稳定经济增长。从税收结构看，国内增值税、国内消费税、企业所得税、个人所得税是中国税收收入的四大主要税种，而增值税是减税降费政策的主要载体,随着政策推行,以增值税为主的间接税所占比重不断下降,以企业所得税和个人所得税为主的直接税所占比重不断上升,符合税制结构优化的方向,有利于巩固财政安全。但是,在新冠肺炎疫情的背景下,减税降费的两面性都被多倍放大,在稳增长方面做出巨大贡献的同时,在财政收支关系方面也异常紧张。因此,国家为实现减税降费的正效应最大化、负效应最小化,采取了制度性减税降费与阶段性减税降费的结构调整叠加同步减支的方式,前者力求减税降费与税制改革相对接,后者由政府带头过紧日子,大幅压减非急需非刚性支出,提高行政支出效率,相应减轻收支矛盾。

在制度性减税降费与阶段性减税降费的结构调整方面,据统计,在中国"十三五"时期超过7.6万亿元的减税降费中,减税4.6万亿元,不仅降低了微观市场主体的税收负担,也降低了宏观税负,宏观税负从2015年的18.13%降至2020年的15.2%。[1] 在新冠肺炎疫情暴发的2020年,中国在制度性减税降费的基础上又实行了阶段性的7批28项大规模减税降费政策,全年为市场主体减负超过2.6万亿元,约占"十三五"时期累计减税降费规模的34%,受疫情影响最大的中小微企业、小规模纳税人、个体工商户享受的减税降费支持最多。[2] 在结构性减税降费导向下,中国继续通过税制改革推进制度性减税降费,具体包括继续推进增值税税率降低、税率档次减少、完善留抵退税制度,个人所得税综合制改革的进一步深化、调整专项附加扣除,阶段性降低社会保险费率等改革。与此同时,阶段性减税降费有序退出,只强化针对特定主体的减税降费。2021年中国出台了提高小规模纳税人

---

[1] 《更好营造公平竞争的税收环境——访国家税务总局局长王军》,《人民日报》2021年10月21日第5版。

[2] 《关于2020年中央和地方预算执行情况与2021年中央和地方预算草案的报告》,2021年3月13日,中国政府网,http://www.gov.cn/xinwen/2021-03/13/content_5592780.htm。

增值税起征点、小微企业所得税优惠、扩大先进制造业增值税留抵退税政策适用范围、对制造业中小微企业以及煤电和供热企业实施阶段性缓缴税费等新的减税降费政策，加上进一步取消、免征或降低了部分政府性基金和行政事业性收费，全年新增减税降费超过1万亿元，一般公共预算赤字较2020年减少2000亿元，赤字率降至2.8%，比2020年降低0.4个百分点。[①] 而在与减收同步减支方面，2021年中央本级支出预算中，一般公共服务支出下降14.1%，外交支出下降1.9%，其他方面的支出均有所增长或与2020年持平，体现出政府过紧日子，支出能压则压，而对基本民生支出则保持只增不减态势。[②]

（2）俄罗斯减税降费与政策性、制度性增税相结合

近年来，俄罗斯也在优化财政政策和财政制度之路上不断前行，以在西方制裁中实现改善民生和发展经济的双重目标。从俄罗斯税制改革看，其主线原则是简税制、低税负，但为保持一定水平的财政收入、维护财政安全，辅以有增有减的税制结构性调整原则，在新冠肺炎疫情暴发后，随着相关减税降费政策不断出台，这"一主一辅"的税改原则更为凸显。为了应对疫情，俄罗斯采取了一系列以扶持中小企业、支持关键行业为政策取向的减税降费措施，具体包括：进口药品零关税；社保缴纳延期；对依照"职业收入税"制度缴税的个体经营者进行税收返还；医务工作者可免缴个人所得税；受新冠肺炎疫情影响严重的行业企业可延缓或分期缴纳除增值税、矿产资源开采税、消费税和碳氢化合物原料收入附加税以外的其他税种税款；其他企业和个人除正常缴纳增值税外，可延缓缴纳个人所

---

① 《关于2021年中央和地方预算执行情况与2022年中央和地方预算草案的报告》，2022年3月13日，中国政府网，http://www.gov.cn/xinwen/2022-03/13/content_5678838.htm。

② 闫坤、于树一：《以财政支出结构优化为载体助力"十四五"开好局》，《中国财政》2021年第7期。

得税、保险费、交通运输税、财产税、土地税、组织利润税等。其中，针对中小企业的社会保险费率由30%下调至15%和延迟6个月缴纳除增值税以外的所有税收两项政策，就令2020年前两季度俄罗斯财政收入减少约950亿卢布。此后，1151家受疫情影响的骨干型企业也享受到延期纳税政策。[1] 减税降费政策在俄罗斯经济受到疫情冲击时起到了积极的调控作用，尤其是有效减轻个体经营者与自由职业者的税收负担，在一定程度上防止了企业大规模倒闭，稳定了就业，也维护了财政安全。

与中国同步减支的政策取向不同，俄罗斯对冲减税降费的举措更侧重于收入侧的结构性调整。有的是政策性增税安排，例如，自2021年起对超出100万卢布的银行存款和债券投资利息收入征收13%的个人所得税；再如，从俄罗斯国外到境外司法管辖区的所有形式的利息和股息都需缴纳15%的税款。[2] 有的则是在税制改革范畴内，进行税制的增税安排。除了此前就在进行的提高增值税税率外，俄罗斯着手对储蓄税、能源开采税、烟草消费税等进行部分调整，并且针对部分高收入人群进行个人所得税的累进税率转化。[3] 当然，最重要的还是能源税收改革的不断深化，包括降低原油出口关税税率直至取消原油出口关税、提高普通区块石油开采税税率、引入"超额利润税"机制等。其中，原油出口关税和石油开采税改革预计在六年里

---

[1] 徐坡岭：《新冠疫情对俄罗斯经济的影响：抗疫反危机措施、经济运行状况与增长前景》，《新疆财经》2020年第4期。

[2] 徐坡岭：《新冠疫情对俄罗斯经济的影响：抗疫反危机措施、经济运行状况与增长前景》，《新疆财经》2020年第4期。

[3] 刘兴波、李洋：《疫情下俄罗斯的经济现状、纾困扶持政策及中国可借鉴的经验》，2020年11月9日，内蒙古自治区人民政府网，https://www.nmg.gov.cn/zfbgt/xxyj/xxyj1/202111/t20211118_1954363.html?slb=true。

将为俄罗斯增加1.3万亿—1.6万亿卢布的财政收入。① 2020年12月，俄罗斯国家杜马通过了财政部提交的关于石油采矿业税改的提案，对石油业和采矿业增税，并统一和简化相关税制，此次税改将为俄罗斯每年带来约3400亿卢布的财政收入。② 此外，2021年俄罗斯《生意人报》披露了财政部建议调整的多项税费改革内容，均以增加财政收入为政策取向，其中包括调整保险费计算方式、调整财产税税率、上调酒类消费税率并对含糖饮料征收消费税、下调免税跨境贸易金额上限、提高无线电频谱使用费、提高冶金企业矿产资源开采税、调整石油行业超额利润税，这些改革可令俄罗斯增加超过7000亿卢布的财政收入。③

由此可见，无论是中国还是俄罗斯，减税降费对于财政安全都具有两面性，但只要注意进行动态的结构性调整，可以尽可能提高正效应、降低负效应。对比两国采取的不同结构性调整路径对财政安全的维护效果，中国路径占优。因为是考虑财政收入政策与支出政策的协调配合，从收支双侧化解收支矛盾，能够在有力支撑经济社会发展的同时，成为有效维护财政安全的工具。而俄罗斯则仅考虑收入单侧，减税政策和增税政策、制度协调配合，在经济形势不利的情况下，如此多的增税举措将加重经济主体负担，有可能反而成为经济增长的阻力，或者激励经济主体偷逃税款，进而需要加大征管成本，最

---

① 陶凤、肖涌刚：《石油税改 俄罗斯的新转机？》，2018年12月27日，中国石油新闻中心网站，http://news.cnpc.com.cn/system/2018/12/27/001715351.shtml。

② 阎传雨：《俄罗斯将推进石油采矿业税改》，《中国税务报》2020年12月8日。

③ 《俄媒披露俄多项税改政策》，2021年7月17日，中华人民共和国驻俄罗斯联邦大使馆经济商务处网站，http://ru.mofcom.gov.cn/article/jmxw/202107/20210703176517.shtml。

终走向财政安全的反面。对此，中国需全面看到两条不同减税降费路径的差异和利弊，在坚定中国选择的同时，认识到俄罗斯政策的局限并引以为戒。

2. 以行之有效的税评体系强化税收征管、维护财政安全

减少税收流失也是对财政安全的维护，而减少税收流失需要强化税收征管。在税收征管方面，俄罗斯正在探索行之有效的税评体系，其经验值得中国借鉴。为了保证税款如实入库，防止税款流失，税务局需依靠税评体系对纳税人申报内容的真实性进行评估和核实，以发现稽查线索。税评体系包括纳税人自我评定、税务审计、税务稽查等。在现代税收管理体制下，纳税应该是纳税人的自主自愿行为，税务管理机关则将重点放在发现和处置不遵从行为。为此，很多国家开始探索建立纳税人自我评定制度，促使纳税人对纳税义务自愿遵从。但是自我评定制度对基础条件有较高要求，例如，税法简单稳定、税务服务良好、程序简单、审计和实施强制措施的能力强、惩罚措施公正、争议解决机制完善等。因此，在初级阶段，大多数国家主要是对所得税进行自我评定。

俄罗斯税评体系也经历了一个曲折发展的过程：税务警察机关曾起到重要作用，在其撤销之后，则以税务审计为主，并进行了纳税人自我评定的初步尝试。俄罗斯税收法典详细规定了税务审计的实施方法和条件：在税务审计中，税务机关可以传唤熟悉情况的任何自然人做证人，有权向被检查的纳税人索取检查所必需的凭证和其他资料。如果纳税人或其他义务人拒绝提供有关资料，或不按规定的期限提供资料，均视为税收违法行为，应承担税法规定的责任。但是必须为纳税人保守税收秘密，在未经纳税人同意的情况下，不应公开有关纳税人的任何资料及税务检查和处理情况；同时，不允许对纳税人和对其支配的非法财产造成损害。目前，俄罗斯税务部门基于审计结果对纳税人采取财产保全措施，包括禁止转让财产和冻结银行账户。原因是虽然税务部门不断提高审计效率，但企业仍有足够时间在审计期间出售财产或申请破产来逃税。据统计，近两年内被审计企业藏匿了至少1700亿卢布（约合23.3亿美元）的资产。为此，2021年俄罗斯财政部和联邦税务局提出加强税收保全措施以打击逃税的对策，即赋予税务部门在税务审计完成前启动快速程序冻结企业财产的权利。[①]

俄罗斯税务警察机关于1993年组建，主要是预防、查明、制止和调查违反税法的犯罪和行政违法行为，行使部分税评职能。由于税务警察可以武装执法，具有威慑力强、反应迅速、对犯罪行为打击力度较大的特点，在成立后短短几年时间里查处了大量的税收违法和税收犯罪案件，为国家挽回了巨额损失，对猖狂的偷逃税现象起到了很大的震慑作用。但是，由于在资源配置和司法管辖权方面与其他政府部门（如税务机关）存在交叉重叠，在执法中的分工与合作缺乏法律依据，这不仅造成资源浪费，而且引起部门间的矛盾和冲突。加之税警贪污腐败现象严重，常常干涉正常的商业和贸易行为，保护一些公司进行不公平竞争，影响了俄罗斯市场经济的发展，也备受指责。因此，2003年俄罗斯总统普京颁布总统令，撤销俄罗斯联邦税务警察局，以优化政府机构，合理使用经费。税务警察局的原有职能主要划归内务部反经济犯罪调查局行使。

此外，俄罗斯还探索引进纳税人自我评定体系，主要作为税务审计的辅助内容出现。2007年联邦税务总局发布了较为通俗的税务审计风险自我评定标准，使用这些标准，对那些有风险的纳税人实施监督措施。联邦税务总局委派其各地区税务局

---

① 《俄各界谈俄财税部门拟加强打击逃税》，2021年8月13日，中华人民共和国驻俄罗斯联邦大使馆经济商务处网站，http://ru.mofcom.gov.cn/article/jmxw/202108/20210803187173.shtml。

将这些标准存入"风险档案"基础数据库，在委派税务审计的过程中自动应用它识别。根据这些标准，纳税人可以自行评估税务机关会有多大的可能性对其实施实地税务审计。2010年4月15日，莫斯科市议会举行了一次题为"纳税服务指标应用实践"的圆桌会议，指出税务风险自我评定也是为了加强征税人与纳税人之间的对话。税务机关建议纳税人：如果你发现自己的"缺点"，即有不合理的税收利益，或根据税务机关相关文件所列示的某些不足，而采取行动以降低税务风险，可以避免不必要的税务审计。

相比之下，中国目前建立自我评定制度的基础条件还不完备。为此，一方面需要为建立自我评定制度打造坚实基础，另一方面需要促使传统税评体系发挥更大的作用。在这两方面，中国可以借鉴俄罗斯的经验，一是尝试建立自己的税务风险自评标准和税务档案风险数据库，同时建立健全税务审计制度；二是将目前企业税务审计扩大到政府层面，让税务审计从企业内控制度发展为财政安全保障机制。

（三）筑牢地方政府债务管理中的财政安全机制

当前，中俄两国财政安全都受到地方政府债务风险的威胁，需要筑牢地方政府债务管理中的财政安全机制。不同的是，中国地方政府债务主要在财政体系外部较为隐蔽地发展，俄罗斯地方政府债务则主要在财政体系内部运行。综合两国面临的问题，中国需要更为积极地化解隐性地方政府债务，并且更为严格地执行地方政府债务管理制度。

1. 重视体外运行的隐性地方政府债务对财政安全的危害

当前，中国地方政府隐性债务管理对于财政安全来说最为迫切。继新修订的《预算法》颁布、《国务院关于加强地方政府性债务管理的意见》(国发〔2014〕43号)出台以后，财政部集中发布了一系列规章制度，对地方政府一般债券、专项债券和置换债券的发行管理、预算管理、限额管理、信息披露、债务偿还等方面进行了全方位规范。"建章立制"后，地方政府债务显性化、透明化有了制度保障，进步意义明显。但因稳定的收入来源仍不能覆盖地方政府全部资金需求，地方政府隐性债务悄然兴起。2016年中国审计报告便列示出了几种隐性债务形式，包括"明股暗债"、兜底回购、保障收益、分期付款等，它们或单独或一同隐含于PPP项目、产业投资基金等"外衣"的下面。① 发展到今天，隐性债务形式越来越多、越来越隐蔽，已经成为财政安全的重大隐患，其风险化解已成为每年财政部门的重点工作。

事实上，中国地方政府隐性债务管理已历经几个发展阶段。2018年，中国出台《关于防范化解地方政府隐性债务风险的意见》(中发〔2018〕27号)，要求地方政府在5—10年内化解隐性债务。同年，中国出台《地方政府隐性债务问责办法》(中办发〔2018〕46号)，这是一套以终身问责、倒查责任为宗旨的制度办法。此后，各地方政府依规对隐性债务规模进行甄别填报。2019年，中国出台《关于防范化解融资平台公司到期存量地方政府隐性债务风险的意见》(国函办〔2019〕40号)和《财政部办公厅关于梳理PPP项目增加地方政府隐性债务情况的通知》(财办金〔2019〕40号)，并在贵州、云南、湖南、甘肃、内蒙古、辽宁六省(自治区)开启首批建制县(区)隐性债务化解试点，允许其发行地方政府债券(省代发)置换部分隐性债务。2020年，建制县(区)化解隐性债务风险试点实现扩容，并对城投债券按照"红橙黄绿"分类监管。2021年，中国出台《关于进

---

① 于树一：《防范新的隐性债务钻制度漏洞》，《中国经济周刊》2016年第28期。

一步深化预算管理制度改革的意见》（国发〔2021〕5号）严禁地方政府以企业债务形式增加隐性债务；出台《银行保险机构进一步做好地方政府隐性债务风险防范化解工作的指导意见》（银保监〔2021〕15号）严禁新增地方政府隐性债务，要求加强融资平台公司新增融资管理，妥善化解存量地方政府隐性债务，强化风险管理和监管监测工作，严格依法问责机制。此外，上交所、深交所发布债券审核新规，广东省、上海市先后启动全域无隐性债务试点。

总体来看，中国对于地方政府隐性债务管理的主要做法：完善常态化监测机制，坚决遏制隐性债务增量，稳妥化解隐性债务存量，坚持中央不救助原则，做到"谁家的孩子谁抱"，推动平台公司市场化转型，健全监督问责机制。[①] 从中可见中国已经足够重视并且非常全面地在推进地方政府隐性债务管理了，那么为什么地方政府还如此热衷于风险极大的隐性举债呢？可能的原因只能是资金需求驱动。因为预算法保障了地方政府显性的举债权限，地方融资平台被剥离融资功能，但是公开举债权限并不能保证地方政府履行其事权和支出责任所需的资金规模，只能想尽办法做大隐性债务。此外，纳入预算管理的债务，有程序上和限额上的限制，隐性债务可以更快捷、更足额地满足地方政府的资金需求。[②] 如此看来，要想真正消除地方政府隐性债务给财政安全带来的隐忧，不能只从隐性债务管理方面做文章，还要考虑如何从根本上满足地方政府对资金的需求。根本的途径是理顺政府间财政关系，优化事权和支出责任以及财权划分，优化转移支付制度。

[①] 《积极防范化解地方政府隐性债务风险》，2021年12月16日，中国政府网，http://www.gov.cn/xinwen/2021-12/16/content_5661621.htm。

[②] 于树一：《防范新的隐性债务钻制度漏洞》，《中国经济周刊》2016年第28期。

2. 防范体内循环的地方政府债务风险的扩散和传导

俄罗斯地方政府债务的快速发展势头也冲击着财政安全，需要加强管理。但与中国不同，俄罗斯地方政府债务主要来源于联邦预算贷款，相当于在财政体系内循环，其风险在于横向扩散和纵向传导，容易引发财政系统性风险。

有研究表明，2008年国际金融危机以后，俄罗斯地方政府债务迅速膨胀，债务存量从2008年的0.6万亿卢布增长到2011年的1.2万亿卢布，再增长到2016年的2.4万亿卢布，年增长率高达20%，有的联邦主体债务甚至为其财政收入的1—2倍，地方政府债务融资手段主要是联邦预算贷款、商业银行贷款、证券融资以及政府担保的隐性债务，并且以联邦预算贷款为主，商业银行贷款次之，政府担保的隐性债务的比重最低。[①]

事实上，俄罗斯在地方政府债务管理方面存在一系列的制度安排。在预算法典中为地方政府债务建立主要的制度性约束。一是明确了地方政府举债形式，不允许地方政府举借外债。二是严格限制债务规模和偿债支出规模，债务规模以预算收入规模为限，且高度依赖转移支付的地方政府债务规模不得超过其预算收入的50%，偿债支出规模不得超过财政支出增量的15%。当地方债务规模超过其财政收入30%时，可由上级政府对其实施临时的财务管理。三是严格限制债务期限，联邦主体债务期限不得超过30年，市政债务期限不超过10年。四是规定地方政府债务用于弥补财政赤字和偿债能力内的财政支出。五是明确地方政府债务管理主体，联邦实体机构履行联邦主体债务管理责任，地方政府授权机构履行市政债务管理责任，中央政府不能为地方债券担保。对没有担保的债务，各级政府均不承担债务责任。地方政府

---

① 杨攻研、曲文轶：《俄罗斯政府债务演进的政治经济逻辑及风险研究》，《俄罗斯研究》2018年第2期。

担保需通过指定授权机构代表地方政府发行内债并向其他借款人提供政府担保。六是按要求披露地方政府债务信息，在下一财政年度的地方预算中，需披露地方政府债务上限以及政府担保的最大债务额度、担保人信息、担保义务范围、担保期限等，地方政府的债务计划以下一财政年度预算法（决定）草案附录的形式提交相关立法（代表）机构。此外，在《俄罗斯联邦地方政府财政基础法》中也对地方政府举债有部分制度性约束。例如，规定地方政府债务只能用于资本投资，不得作为经常性支出；再如，地方自有银行不得为地方政府提供借款。除了以法律确定的对地方政府举债的制度性约束外，俄罗斯还规定地方政府不能为国有企业举债提供担保，地方政府指定的代表机构可以要求俄罗斯联邦组成实体的监管机构检查作为担保人的地方政府财务状况，金融机构则负责检查被担保人（举债主体）的财务状况，无法偿还债务的地方政府可进入破产程序等。[1]

上述制度性约束如果得到充分的贯彻执行，可以有效保障财政安全，但近年俄罗斯地方政府债务规模加速膨胀的现实表明，这些制度并没有得到严格执行，没能发挥出对财政安全应有的保障作用。为此，俄罗斯财政部出台《俄罗斯政府债务管理政策 2017—2019》，主要是鼓励地方政府以市场化的方式发行债券，以降低地方政府债务的商业银行融资比例，防止财政风险向银行传导。与此同时，联邦政府发挥财政安全保障职责，对债务严重威胁到财政安全的地方，对其以联邦预算贷款融资的债务进行重组，相当于联邦财政对陷入严重债务风险的地方实施救助。除此之外，联邦政府财政减免地方政府债务还可以进一步维护国家经济安全，促进地方政府的投资活动。2020 年，俄罗斯为了鼓励地方政府投资启动了联邦预算贷款的债务重组，

---

[1] 李万超、冯啸、兰天媛：《俄罗斯地方政府债务管理措施、成效及启示》，《黑龙江金融》2021 年第 3 期。

通过联邦对地方政府债务的减免，减轻地方政府债务负担的同时，促进地方政府在农业、制造业、住房建设、道路基础设施等国家重点发展领域进行投资，作为附加发展性条件。在此过程中，联邦必然会在债务重组中受到损失，相当于地方债务风险向联邦传导，但债务重组最终的得失需要看联邦直接的债务重组损失是否能被间接获得的地方投资产生的税收收入所冲抵，如果冲抵能够实现，那么债务重组将是一举多得的举措，既保障了地方政府财政安全，又支持了联邦宏观经济目标，而联邦财政也并没有因债务减免而对自身财政安全带来不利影响。

综上所述，俄罗斯地方债务管理制度中有很多值得中国借鉴的经验。一是地方政府债务管理制度系统化强，且上升到法律保障层面。俄罗斯关于地方债务管理制度系统地体现在预算法典和地方政府财政基础法两部最权威的法律中，相比之下，中国出台的地方债务管理的规定则较为分散，预算法只覆盖其中的一部分，其余部分都没有上升到法律层面。对此，可以考虑出台专门法律整合现有规定，或者适时启动新一轮预算法修订，将相关规定整合纳入预算法修订案。二是地方政府债务管理制度有专门针对隐性债务的防范举措，这也是俄罗斯地方政府债务管理制度系统性的体现。中央政府不能为地方债券担保，地方政府不能为国有企业债务提供担保，各级政府均不承担没有担保的债务责任，加上具体详细的担保信息披露。这些规定让地方政府债务担保会非常谨慎，从而直接降低债务担保风险。中国可充分借鉴相关经验，并将其思路拓展运用在其他隐性债务风险管理方面。三是债务重组中包含对冲重组损失的策略安排。中国实施的地方政府隐性债务置换也属于债务重组范畴，但是中国债务置换单纯是将隐性债务显性化，而鲜有像俄罗斯债务重组那样附加发展性条件，债务风险并没有减少，只是将其摆到明面上。为此，中国可以借鉴俄罗斯的经验，在发行特殊再融资债进行地方隐性债务置换的同时附加发展性条件，让债务重组成为名副其实的"化债"举措。当然,俄罗斯地方债务管理制度的建立健全也仍在路上,政府难以承受之重而探索市场化道路,三年期的政府债务管理政策其实是制度化尝试。事实上,这些尝试反而冲淡了已建立的十分系统的俄罗斯地方政府管理制度。中国需在借鉴其经验的基础上,一边拓展制度边界,一边抓好制度执行。

(四)巩固政府间财政关系中的财政安全机制

在现代化经济体系中,要全方位保障财政安全,既要处理好政府和市场之间的关系,也要处理好政府之间的财政关系,明确中央财政和地方财政各自的定位。从前文对中俄两国财政安全的分析来看,政府间财政关系实际上是维护财政安全的最终落脚点,因为很多威胁财政安全的根本原因是政府间财政关系没有理顺。因此,需巩固政府间财政关系中的财政安全机制。

1. 持续深化政府间财政关系改革

在中国,我们围绕着政府间事权与支出责任划分、政府间收入划分、转移支付制度三个方面推进改革,实现政府间财政关系不断优化。在政府间事权与支出责任划分方面,自党的十八届三中全会公报明确提出要"建立事权和支出责任相适应的制度"以来,中国加速推进中央与地方财政事权与支出责任划分改革,从 2016 年"指导意见"的顶层设计,到 2018 年的"共同事权改革方案"的总体划分和"医疗卫生领域改革方案"的分领域改革起步,再到 2019 年科技、教育、交通运输领域以及 2020 年公共文化、生态环境、自然资源、应急救援等分领域改革的拓展,在"1+9"项改革成果下,中国中央地方财政事权和支出责任划分的清晰框架基本形成,事权和支出责任相适应的制度基本建立。在政府间收入划分方面，自分税制改革以来，中国政府间收入的划分取得了长足的进展，财政收入稳步增长，"两个比重"显著提高。既有效保障了中国集中力量办大事的制度优势，又充分调动了地方发展经济的积极性，但同时也出现地方财政困难的问题。在财政转移支付制度优化方面，近年来中国转移支付制度沿着结构优化的方向逐步完善，一般性转移支付比重不断提高，专项转移支付比重不断降低，地方的积极性有了较大提升。同时，为适应事权和支出责任划分改革，新增财政共同事权转移支付，为基本公共服务的有效供给提供了保证。为了应对新冠肺炎疫情，中国推出了特殊转移支付机制——财政资金直达机制，在保持现行财政管理体制不变、地方保障主体责任不变、资金分配权限不变的前提下，遵循"中央切块、省级细化、备案同意、快速直达"的原则，将部分中央财政资金直达市县基层，在疫情中发挥了重大作用，让基层抗疫及时获得资金支持，得以将疫情迅速控制在末端。

在新发展格局下，政府和市场的关系有所调整，政府边界尚需重新明确，各级政府职能尚需随之转变。这决定了政府间事权和支出责任划分改革也需要进一步走向纵深，在许多方面还需要进一步优化。一是进一步健全基本公共服务保障标准体系，进一步深化分领域事权和支出责任划分改革，将非财政事权划分纳入改革视野。二是加快建立"事权、支出责任与财力相适应"的制度，完善以共享税为主体的收入划分模式，逐步健全地方税体系，逐步扩大地方税政管理权。三是推动财政资金直达机制常态化，而要将应急机制常态化，需完善一系列配套措施：建立各级政府间及政府各部门间的协调机制，处理好资金直达机制与预算的关系，健全直达资金的管理监督机制，等等。还要看到，由于转移支付处于政府间财政关系的末端，转移支付制度改革需注重与前端改革——政府间财政事权和支出责任划分改革和收入划分改革相衔接，注重提高财政转移支付资金使用效益，加强分类管理，推动横向财政转移支付制度的建立健全。

2. 以转移支付为纽带优化政府间财政关系

俄罗斯现行财政体制框架下的政府间财政关系是在 2005 年基本形成的，具有俄罗斯本国特色，与发达的联邦制国家政府间财政关系有着本质的区别。其典型特征是将一系列最重要的财政权力和财政资源高度集中于联邦政府手中，联邦对地方像公司对分支机构一样掌控，为地方确立战略目标，并且根据政绩来评价地方政府，而地方政府则在联邦计划、拨款、监督下，扮演着"重要执行者"的角色，只享有辅助的行政监督权。在这样的联邦和地方之间的财政关系下，转移支付发挥着关键性的纽带作用。

俄罗斯联邦对地方的财政转移支付也包括均衡性的转移支付和专项转移支付，前者旨在均衡地方财力，后者则是为实现特定经济社会目标而给予地方专款专用的财政支持，转移支付也是俄罗斯保障地方财政安全的主要机制。对于俄罗斯这样一个由大量社会经济发展水平不一的地区构成的联邦制国家来说，财政通过转移支付履行再分配职能对于国家经济安全和财政安全具有特别重要的意义。

均衡性转移支付是保障各地财政服务水平平衡的手段，也是俄罗斯最客观和透明的财政转移支付手段。从理论上看，某地获得的均衡性转移支付应与其提供财政服务的成本成正比，与其收入潜力成反比。各地均衡性转移支付规模是统筹考虑当地客观因素和条件、依据科学的方法测算财政收入潜力、公共服务提供成本以及激励地方政府挖掘税收潜力、降低财政服务成本的机制而得出的。在俄罗斯，科学的测算方法包括标准支出（每个俄罗斯居民享受的最低标准的公共服务支出）指数化和以税基指标估计各地税收潜力。标准支出指数化主要是考虑各地消费价格水平及与消费价格水平有密切关联的工资水平和公共服务水平。这种指数化方法相比考虑所有客观因素的复杂方法更便捷、更有效率，也能够对地方政府预算形成硬性约束。以税基指标估计各地税收潜力，关键是尽可能全面地估计税基并充分考虑税基的流动性，包括各类企业利润总额、商品流转总额、职工工资总额及其他居民个人所得总额、应税消费品消费总额、矿产开采价值等，还要充分考虑地方性税收优惠和地方性财政补贴对税基流动的影响。但是，均衡性转移支付能够均衡地方财力，却不能支持一些特定目标的实现，例如促进地方经济增长、扩大税基，而要实现特定目标，则需设立专款专用的专项转移支付。但是专项转移支付可能导致两个与转移支付总体目标相矛盾的结果：一是相同税率下不同地区的财政能力不同，二是财政能力越强的地方获得的专项转移支付越多。因此，在转移支付中应以均衡性转移支付为主、专项转移支付为辅。

俄罗斯专项转移支付也分为几种类型，其一是专门用于法定联邦委托支出事项，当联邦事权下移到地方财政履行时，联邦财政通过此类专项转移支付履行支出责任。这需要在各级财政间进行清晰的事权划分，并且各级财政能够为履行向外委托的事权提供足额的专项转移支付资金，但这些条件在俄罗斯并不能被充分满足，在一些财政能力非常低的地方，还有可能被挪作他用，如补充一般性财政支出缺口、充当经济性支出等。其二是同一项政府事权由联邦和地方共同行使，但是在联邦一级行使这些事权不够有效，需要由地方代表执行，联邦通过给地方专项转移支付履行联邦那部分支出责任。如联邦和地方财政共同承担儿童津贴支出责任，联邦承担的部分通过专项转移支付拨付给地方，地方将其与自身负担的部分合并后拨付给受补贴者。对于地方政策或项目，联邦承担的支出责任往往较小，为数不大的专项转移支付规模可能不足以给地方提供特别重要的补充资金，而仅仅像指示器一样能让人看清楚地方政策或项目中蕴含联邦政府（部门）的利益，而真正落实这些政策或项目，地方基本要依靠自有资金。而对于一些国家政策或项目，如教育、卫生保健、农业和住宅建设领域，支出责任以联邦为主，但基本上属于地方政府管辖。这使得专项转移支付的拨付不可能完全考虑本地居民的偏好，如卫生保健作为联邦财政优先支持方向，一个地方偏好于增加全科医生的工资，而另一个地方则偏好于引进医学专家和建设医疗中心，那么联邦专项用于建设医疗中心的转移支付对于无此偏好的地方不仅没有帮助，反而可能成为地方财政负担，因为地方管辖也要承担部分支出责任。此外，国家项目还有可能给地方造成了一些隐蔽的没有拨款的开支委托任务。例如，在为地方医疗机构配备高科技医疗技术设备时，必须配备一定数量能够操纵这种设备的专家，由此产生的费用就需要依靠地方财政；为中小学采购计算机并为其开通网络，上网要产生的费用也需要依靠地方财政。很明显，这些均导致了地方财政出现额外的支出，形成地方财政负担。

可见，评估俄罗斯财政转移支付制度对财政安全的保障作用相当复杂。但可以明确的是，在各级政府间进行科学准确的财权和事权划分、收入和支出责任划分是必要的，既能够在很大程度上缩减没有拨款的联邦委托事权，也能使一部分事权完全归属于地方，而另一部分回到联邦一级，从而提高转移支付制度对财政安全的保障程度。

总体来看，俄罗斯联邦政府为了获得更多的民众支持，实施了大量全国性民生政策和项目，包括就业、教育、住房、社会保障等，这些政策和项目多由地方政府负责落实和出资，但俄罗斯财政权力过于集中，联邦专项转移支付存在上述问题，造成地方财政空间被压缩，地方财政收支矛盾加剧，地方政府不得不大量举债，动摇了地方财政的稳定性和可持续性。从这个角度来说，俄罗斯联邦和地方间财政关系是地方政府债务规模加速膨胀、形成较大财政风险威胁财政安全的根本原因。从中，中国可得到重要启示：要让政府间财政关系成为财政安全的基础性支撑之一。从长期来看，需要深化财政体制改革，进一步优化中央与地方政府间以及其他各级政府间的财政关系；从短期来看，则需把握住转移支付这一关键，从优化转移支付制度着手。

综合中俄两国情况来看，在复杂多变的国际竞争环境中，中国首先要保证国家安全，这是中央政府的职责所在，要靠中央财政支撑。其次要推动更高水平的对外开放，这需要中央财政和地方财政同时发力，对于关税、进口税收等统一政策和全球产业链布局等方面需要中央予以确定，而对于对外开放所必需的港口等基础设施则需要地方财政予以支持。最后要致力于科技的自立自强、全国统一市场的建设、扩大内需和提升供给、保障和改善民生以及推动城乡区域协调发展，这需要中央财政和地方财政做好分工，具体如下：在科技自立自强方面，中央财政应主要支持基础研究，利用新型举国体制解决科技"卡脖子"问题；地方财政应通过提供基本公共服务来鼓励和支持企业创新发展。在全国统一市场建设方面，中央财政主要负责相关财政税收政策的制定；而地方财政应主要担任起基础设施建设和市场监管职责。在扩大内需和提升供给方面，中央财政应注重宏观经济政策的执行和收入再分配的调节；而地方财政应致力于保障居民就业和优化营商环境。在保障和改善民生以及推动城乡区域协调发展方面，中央财政应重点加大税收、社保、转移支付等调节力度和精准性；而地方财政应重点关注交通、市政、教育、医疗等基本公共服务提供。

需要强调的是，一些财政能力过低的地方主要依靠财政转移支付维持运转，转移支付实际上是一种惰性激励，导致这些地方不再去努力提高自身财政能力，而是等待转移支付资金进行必要或者过度的公共消费，造成转移支付资金相对不足。为此可以人均财政能力为转移支付依据，实施附加发展性条件的转移支付，从而赋予转移支付在提高地方税收潜力和优化地方财政支出方面以持续促进作用，不会抑制地方提高自身财政能力的积极性。

（五）持续优化政府与市场的关系

规范政府与市场的关系是财政安全的根基，深入探究并牢牢把握政府与市场之间关系的变化是维护财政安全不可忽视的问题，换言之，持续优化的政府和市场关系是财政安全的有利条件。中国"十四五"规划提出"充分发挥市场在资源配置中的决定性作用，更好发挥政府作用，推动有效市场和有为政府更好结合"，为优化政府与市场关系指明了方向。"有效市场和有为政府更好结合"是一个全新的论述，这意味着政府和市场的关系不再是简单的对立互补关系，也不是强弱进退关系，而是有机统一的整体。

1. 重新定位现代化经济体系中政府和市场的关系

现代化经济体系是无国界的，在中国加速建设现代化经济体系的同时，俄罗斯经济也在现代化进程中加速前行，可将其同样视为建设现代化经济体系，从而强化与中国的可比性。在现代化经济体系中，市场和政府是两种最基本的资源配置方式。传统观点往往将政府和市场对立起来，要么追求经济自由主义，强调政府"守夜人"角色，主张以经济自由为主，政府有限度干预；要么追求政府干预主义，反对自由放任。而在现代化经济体系中，市场和政府需要通过相互关联构成一个有机的整体，对二者关系的认识也需要突破传统思维，即从对立转向合作，实现有效市场和有为政府更好地结合，共同发力以实现资源配置的优化。

有效市场和有为政府相结合，强调市场作用和政府作用的有机统一、相互补充、相互协调、相互促进，而不是割裂开来或对立起来。这也是对市场和政府在现代化经济体系中的调节目标予以明确：一方面保障市场在资源配置中的决定性作用，尽可能发挥市场在效率方面的优势，建立有效市场；另一方面发挥政府在公平方面的优势，对市场失灵加以纠正，建立有为政府。

2. 找准有效市场和有为政府的最佳结合点

理论和实践表明，市场配置资源是最有效率的形式。但也须认识到，市场在资源配置中既有先天优势，也有先天不足，需要有为政府弥补市场失灵、保障公平竞争、提供满足需要的公共产品和服务。从中国具体实践来看，政府和市场一直不断磨合、相互成就。因此，找准有效市场和有为政府的最佳结合点，对于中国实现国家治理体系和治理能力现代化具有重要意义。

从目前来看，二者的最佳结合点有两个：一是推动经济循环的畅通无阻，二是推动经济高水平的自立自强。实现经济循环的畅通无阻，一方面要发挥市场机制作用，包括完善价格机制、竞争和反垄断机制等；另一方面要推动政府职能转变，包括打破行业壁垒、减少地方保护、减少行政干预、加强法治保障等。而实现经济高水平的自立自强，一方面要把握体制机制创新，进一步推动市场化改革，激发市场主体创新活力；另一方面需要有为政府牵头发挥新型举国体制的力量攻克关键"卡脖子"技术。

就中国而言，还需要以建设高标准市场体系作为新时代政府与市场关系优化的落脚点。2021年1月，中共中央和国务院推出了《建设高标准市场体系行动方案》，为构建以国内大循环为主体、国内国际双循环相互促进的新发展格局提供了基础支撑，也为建设有效市场、打造有为政府提供了行动指南。高标准市场体系具有统一开放、竞争有序、制度完备、治理完善四大特征，这其中既有对市场体系的基本要求，也有对政府职责的科学定位。"统一开放、竞争有序"是现代化市场经济体系的一般特征，是有效市场的基本要求，而"制度完备、治理完善"则是更高层次的要求，实质是在有效市场的基础上叠加有为政府，或者说以有为政府为有效市场保驾护航。该方案以政府行动保障价格、竞争和供求机制在经济运行中充分发挥作用，进而实现政府"有为治理"、保障市场高质量发展。因此，全面贯彻落实这一方案，将最大限度地优化中国政府与市场的关系，牢牢夯实财政安全的基础。

3. 以市场发育成熟度为坐标确定财政个性化职能

财政活动对经济的各个方面都能产生一定的影响，但财政能干什么和应当干什么的答案并不一致，因此财政职能也有一般和特殊之分。在任何国家都需要征集和使用一部分社会产品、劳务和资金去满足公共需要，这是一般意义上的财政职能，在不同社会形态下的国家都是存在的。但因为不同国家市场发育成熟度不同，市场和政府间的关系不同，中国在市场化转型过程中，财政个性化职能突出。

培育市场体系是以市场发育成熟度为坐标确定的财政个性化职能。在由计划经济向市场经济转型时期，市场体系必然要经历一个发育和完善的过程，在此过程中财政需要发挥培育市场体系的职能，主要是支持经济体制创新，让市场机制在基本经济制度和分配制度下充分发挥资源配置的决定性作用。相应地，市场经济下财政安全要求财政职能定位要符合财政的本质，遵循公共性的原则，更要符合市场经济的要求。

鉴于中国的市场经济仍不是相对成熟的市场经济，财政安全要求财政职能致力于为发展市场经济提供必要的服务，但要事先根据市场发育程度和其他具体情况明确财政职能范围，财政只能在其职能范围内活动。需警惕财政"反客为主"，对市场过度参与而干扰市场机制正常发挥作用，随着市场经济不断成熟，政府职能及其财政职能要相应转变。在社会主义市场经济下，财政既要弥补市场失灵，提供公共产品和服务满足公共需要，又要支持建立现代企业制度，将国有企业培育成独立的市场主体，理顺市场主体之间的关系，营造公平竞争的市场环境，还要调节经济、促进经济社会总体效率提高。

除此之外，作为大国财政的中俄两国财政还具有较强的外向性，也关系到财政安全。大国财政的外向性体现在以下三个方面的职能上：一是参与全球资源配置，在双边或者多边机制下与其他国家对国际税源有序分配，同时提供全球性的公共物品和服务，包括国际反恐、维和、医疗援助、节能减排等。二是参与全球贫困治理，为欠发达国家的极端贫困人口提供人道主义援助，向世界贡献中国消除绝对贫困的成功经验。三是与其他国家财政政策进行协调配合，共同拉动世界经济复苏。在履行这些外向性的大国财政职能时，必然会输出财政资源，从而冲减用于履行国内财政职能的财政资源，而财政职能履行不足将影响本国财政安全。对此，需要充分平衡财政资源的内外配置，在充分履行国内财政资源的前提下，向外履行大国财政职能。

与此同时，还需要以国际视野看待国际税收竞争的利弊。既要制定相应的战略积极应对国际税收竞争，也要充分认识税收国际协调的意义，积极参与双边和多边的国际税收协调，调整本国税收政策和制度，并在此过程中尽可能提升本国的话语权，以维护国家税收安全，并力求实现税收利益最大化。在此过程中，还需重视应对数字经济带来的挑战与机遇，通过发展数字税来维护数字经济下的财政安全。

参考文献

陈共：《财政学》，中国人民大学出版社1999年版。

邓子基：《国家财政理论思考——借鉴公共财政论发展国家分配论》，中国财政经济出版社2000年版。

高培勇：《公共财政：经济学界如是说》，经济科学出版社2000年版。

郭庆旺、赵志耘：《财政理论与政策》，经济科学出版社2002年版。

何振一：《理论财政学》，中国财政经济出版社1987年版。

黄桦主编：《税收学》，中国人民大学出版社2006年版。

刘溶沧、杨之刚：《财政学论纲》，经济科学出版社1998年版。

许毅、陈宝森：《财政学》，中国财政经济出版社1984年版。

阎坤：《财政改革新论》，中国经济出版社1999年版。

姚开建：《经济学说史》（第二版），中国人民大学出版社2011年版。

叶振鹏、张馨：《公共财政论》，经济科学出版社1999年版。

叶振鹏、张馨：《双元结构财政》，经济科学出版社1999年版。

余永定、张宇燕、郑秉文：《西方经济学》（第二版），经济科学出版社1999年版。

张馨等：《当代财政与财政学主流》，东北财经大学出版社2000年版。

张馨：《公共财政论纲》，经济科学出版社1999年版。

［美］爱伦·鲁宾：《公共预算中的政治：收入与支出，借贷与平衡》（第四版），叶娟丽、马骏等译，中国人民大学出版社2001年版。

［美］大卫·N. 海曼：《公共财政：现代理论在政策中的应用》（第六版），章彤译，中国财政经济出版社2000年版。

［美］哈维·S. 罗森：《财政学》（第四版），平新乔等译，中国人民大学出版社2000年版。

白彦锋：《"十四五"时期我国财政安全运行面临的风险挑战与应对策略》，《当代财经》2021年第6期。

曹斯蔚：《新形势下的我国财政可持续性问题研究》，《区域金融研究》2020年第12期。

陈光焱：《试论我国财政理论更新的思路和取向》，《财政研究》2002年第2期。

邓立平：《发展财政理念及其政策启示》，《财政研究》2010年第11期。

冯俏彬：《"十四五"时期我国财政治理与2021年财政政策前瞻》，《中国财政》2021年第2期。

冯俏彬：《"十四五"中国财政前瞻：统筹发展和安全》，《地方财政研究》2021年第1期。

高培勇：《当前财政形势与财政安全》，《中国审计》2008年第24期。

高培勇：《构建新发展格局：在统筹发展和安全中前行》，《经济研究》2021年第3期。

高培勇：《"量入为出"与"以支定收"——关于当前财政收入增长态势的讨论》，《财贸经济》2001年第3期。

何振一：《落实国资管理体制创新任务的几点思考》，《国有资产管理》2003年第4期。

贾康、叶青：《否定之否定：人类社会公共财政发展的历史轨迹》，《财政研究》2002年第8期。

李万超、冯啸、兰天媛:《俄罗斯地方政府债务管理措施、成效及启示》,《黑龙江金融》2021年第3期。

李元江、官锋、赵德银:《社会主义市场经济的公共财政制度研究》,《财政研究》2002年第1期。

林致远:《科学认识"国家分配论" 树立正确财政观》,《财政研究》2002年第6期。

刘邦驰:《财政理论变迁的历史回顾》,《财政研究》2002年第12期。

刘尚希、傅志华、李成威:《复杂国际形势:对经济安全的严重冲击与财政作用》,《财政科学》2019年第4期。

刘彦君、米军:《中俄财税制度改革的比较与借鉴》,《财经问题研究》2015年第11期。

吕冰洋、李钊:《疫情冲击下财政可持续性与财政应对研究》,《财贸经济》2020年第6期。

罗彤:《"社会共同需要论"财政学流派初探》,《财政研究》2002年第7期。

毛程连:《公共财政框架下国有资产管理理论的改进》,《财政研究》2002年第4期。

田雅琼:《俄罗斯预算稳定机制对冲新冠疫情风险的作用及启示》,《地方财政研究》2021年第6期。

童伟:《俄罗斯中期预算改革:原因、现状及发展趋势》,《俄罗斯东欧中亚研究》2008年第3期。

童伟、宋天伊、雷婕:《俄罗斯为什么中止实施中期预算?》,《经济研究参考》2016年第31期。

徐坡岭:《新冠疫情对俄罗斯经济的影响:抗疫反危机措施、经济运行状况与增长前景》,《新疆财经》2020年第4期。

闫坤、于树一:《论政府间财政支出责任的错配和纠错》,《财政研究》2013年第8期。

闫坤、于树一:《以财政支出结构优化为载体助力"十四五"开好局》,《中国财政》2021年第7期。

杨攻研、曲文轶:《俄罗斯政府债务演进的政治经济逻辑及风险研究》,《俄罗斯研究》2018年第2期。

于树一:《防范新的隐性债务钻制度漏洞》,《中国经济周刊》2016年第28期。

于树一:《论国家治理框架下事权和支出责任相适应的政府间财政关系》,《地方财政研究》2015年第5期。

刘昆:《积极发挥财政职能作用 推动加快构建新发展格局》,《学习时报》2020年12月11日第1版。

刘晓青:《财政资金安全现状分析》,《中国财经报》2016年10月11日第8版。

高培勇:《四位一体推进财税改革》,2014年3月11日,新华网,http://news.xinhuanet.com/fortune/2014-03/11/c_126250589.htm。

Richard W. Tresch, *Pbulic Finance*, Business Publications, Inc, 1981.

Wallace E. Oates, "An Essay on Fiscal Federalism", *Journal of Economic Literature*, September 1999.

Qian Yingyi and Gerard Roland, "Federalism and Soft Budget Constraint", *American Economic Review*, Vol. 88, No. 5, 1998.

Кудрин А. Л., Дерюгин А. Н. Субнациональные бюджетные правила: зарубежный и российский опыт//Экономическая политика, 2018, Т. 13, № 1.

Минаков А. В. Оценка современного состояния финансовой устойчивости бюджетной системы России//Вестник Евразийской науки. 2020, Т. 12, № 3.

Шинахов А. А., Жанокова Э. М. Современные проблемы финансовой системы РФ и методы их решения //Актуальные вопросы экономических наук, 2016, № 50-2, С. 73-77.

Кудрин А. Л., Соколов И. А. Бюджетный маневр и структурная перестройка российской экономики // Вопросы экономики, 2017, № 9, С. 5－27.

Кудрин А. Л., Кнобель А. Ю. Бюджетная политика как источник экономического роста//Вопросы экономики, 2017, № 10.

后　　记

学术研究既需要纵深推进，也需要横向拓展。十余年的国内财经问题研究之于我的意义即为前者，而重启经济学和区域国别学的交叉研究之于我的意义则为后者。

回想2008年博士毕业后，我从事的第一份工作是中亚经济问题研究，受视野和语言所限，无论是思考深度的问题，还是思考广度的问题，都仅限于思考，落笔时明显底气不足。为此，我开始专注国内财税问题研究，扎扎实实地去打专业基础。随着中国特色社会主义进入新时代，中国立足于世界百年未有之大变局推动构建人类命运共同体，对区域、国别方面的研究需求明显迫切，从而在新版学科目录中，区域国别学被正式列入交叉学科门类下新的一级学科。这于我个人的学术研究而言，则是一个难能可贵的横向拓展的机会。考虑到统筹财政发展和安全在统筹总体发展和安全中的重要性，同时考虑到俄罗斯对于世界和中国的重要性，我以这部《统筹财政发展与安全研究——基于财政理论与中俄实践》迈开横向拓展的脚步。

本书能够最终付梓出版，我要感谢中国社会科学出版社副总编辑王茵、智库成果出版中心常务副主任喻苗、责任编辑周佳以及对本书出版付出辛劳的各位老师们；感谢中国社会科学院俄罗斯东欧中亚研究所领导和学术委员会对本书选题和构思的认可，感谢编辑部各位老师在写作本书期间给予我的关照；感谢我的恩师闫坤女士二十年如一日对我每一步成长的照拂，在本书写作时给予我最大的鼓励，在本书出版过程中给予我最大的帮助；感谢辽宁科技大学讲师李俊、中国社会科学院大学2021级硕士研究生付卓宁与我合作完成本书的第四章，他们在俄文资料收集和翻译方面，协助我做了大量工作；感谢我的家人，在本书写作时给予我理解和包容，给予我时间和空间。

我将以本书为起点，在这样一个广阔而深远的研究领域砥砺前行，向祖国呈送更多更有价值的学术成果，不负新时代！

于树一

2022 年 4 月 18 日于北京

于树一，女，1979年生于内蒙古呼伦贝尔市，中国社会科学院俄罗斯东欧中亚研究所副研究员，硕士研究生导师，中国成本研究会理事。研究方向为财税理论与政策、财政减贫、政府间财政关系、外国财政。

近年来，主持或参与国家社科基金项目、教育部重大招标课题、国家高端智库课题以及联合国开发计划署（UNDP）、亚洲开发银行（ADB）、国务院发展研究中心、中国社会科学院、财政部、水利部、国务院扶贫办、国家开发银行等部门和机构委托的多项课题。

在《财贸经济》《财政研究》《俄罗斯东欧中亚研究》《欧亚经济》《红旗文稿》《经济日报》《光明日报》等刊物公开发表多篇文章。曾荣获中国社会科学院优秀对策研究一等奖和二等奖、全国优秀财政理论研究成果三等奖、财政部优秀论文三等奖等多项省部级奖项以及邓子基财税学术论文奖一等奖、北京财政学会优秀成果一等奖等多种奖项。